中国地质大学(武汉)珠宝学院 GIC 系列丛书

高端珠宝品牌
运营管理

包德清　周琦深
张鹏飞　冯文婷　编著

中国地质大学出版社
ZHONGGUO DIZHI DAXUE CHUBANSHE

图书在版编目（CIP）数据

高端珠宝品牌运营管理/包德清等编著.—武汉：中国地质大学出版社，2020.10
ISBN 978-7-5625-4886-7

Ⅰ.高…
Ⅱ.①包…
Ⅲ.①宝石-品牌-运营管理-世界
Ⅳ.①F426.89

中国版本图书馆 CIP 数据核字（2020）第 196183 号

高端珠宝品牌运营管理	包德清	周琦深	张鹏飞	冯文婷	编著

责任编辑：张玉洁	选题策划：张 琰	责任校对：张咏梅

出版发行：中国地质大学出版社（武汉市洪山区鲁磨路388号） 邮政编码：430074
电　　话：(027)67883511　　传　真：(027)67883580　　E-mail：cbb@cug.edu.cn
经　　销：全国新华书店　　　　　　　　　　　　　　　　http://cugp.cug.edu.cn

开本：787mm×960mm 1/16	字数：188千字	印张：10.25	图版：8
版次：2020年10月第1版	印次：2020年10月第1次印刷		
印刷：湖北新华印务有限公司	印数：1—2000册		
ISBN 978-7-5625-4886-7			定价：48.00元

如有印装质量问题请与印刷厂联系调换

序　言

改革开放以来,随着中国经济的快速增长和人们消费水平的日益提高,珠宝行业走上了快速复兴之路。尤其是进入 21 世纪以来,在中国珠宝玉石首饰行业协会的推动下,我国珠宝行业推行珠宝品牌建设,一时间,正所谓"忽如一阵春风来,千家万户做品牌",一大批珠宝品牌如雨后春笋般在中国大地上诞生了,有在全国各地布局的知名品牌,也有在地方上享有盛名的品牌。但不管是全国品牌还是地方品牌,它们都有一个共同的特点:产品是同质的,即品牌缺乏自身的特色和个性,如果去掉品牌标志,产品放在任何一个品牌中都适用。相同或相似的产品在任何一个品牌都可以买到,这就给消费者多种选择的机会,消费者选择珠宝首饰的原则就是看价格,谁的价格低就买谁的。于是,中国珠宝品牌的市场竞争演变成以价格折扣为主体的竞争。无序的"价格战"不仅使珠宝企业的利润被无限压缩,也动摇了消费者对品牌的信心,无疑会造成一个两败俱伤的结果。实力稍强的品牌尚可大力推行市场扩张,试图以规模优势取得微薄的利润;实力稍逊的品牌如果不改变经营思路,则会逐步走向衰亡。

正是在这种市场竞争态势下,不同规模的企业开始思考品牌定位问题。企业管理者认识到,珠宝市场无序的价格竞争是由于产品同质化引起的。不同的品牌只有通过精确的市场定位和目标市场划分进行差异化经营，才能有效地避免同质化的市场竞争。这样不仅有利于形成品牌特色，有效地服务于本品牌的目标顾客群体，增强品牌的赢利能力和水平，更重要的是，差异化经营还可以保证珠宝行业健康有序地发展。

　　从差异化策略来说，珠宝品牌可以选择地区差异化，即根据不同地区人们的消费水平、消费观念、审美风格实行产品或产品组合的差异化，建立一个针对特定区域市场的差异化品牌，也可以选择产品差异化，即根据产品的档次将珠宝首饰分为高、中、低档，以专门经营某种档次的珠宝首饰建立品牌特色来形成差异化。本教材探讨的高端珠宝品牌运营管理即是以专门经营高端珠宝首饰为品牌特色，探讨品牌的运营管理问题。

　　这里所说的高端珠宝品牌是指珠宝企业选择高端的产品定位，以满足高端消费群体的需求为经营目标而创造的品牌。在产品质量上以高档、稀缺为特征，在款式设计上以奢侈为特征，在产品工艺上以精细为特征，在产品价格上以"让少数人买得起"为前提。很显然，它的目标客户是一个小众群体，与西方的奢侈品品牌比较接近，一方面，它是在经济快速增长的中国珠宝市场上创造的新兴品牌，缺乏西方奢侈品品牌所特有的品牌历史和文化的沉淀，需要在经营中去挖掘品牌历史和沉淀品牌文化；另一方面，它也需要结合产品的特征和中国人节俭、理性的消费特点，合理地制定产品价格，使产品的价格既能体现产品的高端定位，又能让消费者感觉到物有所值，产品价格可能不具备像奢侈品品牌那样较高的品牌溢价。从这个意义上来说，高端珠宝品牌与奢侈品品牌既有联系又有区别。

创造高端珠宝品牌是实行差异化经营和应对市场竞争的必然选择。从中国珠宝行业发展的态势来看，中国珠宝行业已经完成了离散竞争市场、同质化竞争市场的竞争阶段，正在向异质化竞争市场发展。个性化的趋势已日益突显，从近年来个性化定制工作室的蓬勃发展与消费者追求个性化产品的热情就可以充分体现出来。差异化经营使不同的企业（品牌）定位于不同的目标顾客群体，不同顾客的需求都能得到满足，市场竞争就会变得有序，珠宝市场就会健康发展。

创造高端珠宝品牌不能急功近利，一方面，高端珠宝首饰不是所有人都买得起的，而是服务于小众群体的。为了让这个小众群体了解高端珠宝品牌，品牌经营者要调动所有营销手段，通过形象宣传让他们记住这个品牌，通过精确定位占据他们的心智，这是一个长期的过程，不可能在短时间内速成。另一方面，高端珠宝品牌的建立需要强大的实力，不仅要有强大的资金、人力等硬实力，还需要修炼企业经营管理的"内功"，培养珠宝品牌运营管理的软实力。如果急功近利追求短期效益，是不可能培育出一个高端珠宝品牌的。所以，培育高端珠宝品牌，必须从战略的高度对品牌的建设和成长直至走向成熟做出系统的规划。

从中国珠宝市场的发展来看，近年来，已经有些企业走上了高端珠宝品牌建设之路。为顺应珠宝行业的发展趋势，中国地质大学（武汉）珠宝学院奢侈品管理团队撰写了这本教材，其中，第一、第二、第六章由包德清教授编写，第四、第九章由周琦深副教授编写，第三、第五、第七章由冯文婷博士编写，第八、第十、第十一章由张鹏飞博士编写。我们希望借鉴企业管理理论和西方奢侈品品牌管理经验，结合中国珠宝行业的实际，探讨高端珠宝品牌建立、成长，进而走向奢侈品品牌的运营管理之道。由于在国内进行这样的探索尚属首次，教材中偏颇、错误之处在所难免，恳请读者批评指正！

编著者

2020 年 6 月

目　录

第一章　高端珠宝品牌概述 …………………………………………（1）
- 第一节　高端珠宝品牌与奢侈品品牌 ……………………………（1）
- 第二节　高端珠宝品牌的特征 ……………………………………（3）
- 第三节　中国高端珠宝品牌的产生和发展 ………………………（8）
- 第四节　高端珠宝品牌建设的意义 ………………………………（12）

第二章　高端珠宝品牌的建立 ………………………………………（16）
- 第一节　注入高端珠宝品牌的品牌基因 …………………………（16）
- 第二节　建立高端珠宝品牌的品牌文化 …………………………（24）
- 第三节　选择高端珠宝品牌的创建地和商业模式 ………………（28）
- 第四节　如何开始高端珠宝品牌的运营 …………………………（34）

第三章　高端珠宝品牌的定位 ………………………………………（37）
- 第一节　高端珠宝品牌定位内涵 …………………………………（37）
- 第二节　高端珠宝品牌定位和消费者心智 ………………………（40）
- 第三节　高端珠宝品牌定位案例——卡地亚 ……………………（44）

第四章　高端珠宝品牌的品牌识别与店铺设计 ……………………（49）
- 第一节　品牌识别的概念和内涵 …………………………………（49）
- 第二节　高端珠宝品牌识别系统的建立 …………………………（49）
- 第三节　不同层面的品牌识别系统 ………………………………（51）
- 第四节　高端珠宝品牌店铺选址 …………………………………（56）
- 第五节　高端珠宝品牌店铺形象布局 ……………………………（58）

第五章　高端珠宝品牌的产品策略 …………………………………（62）
- 第一节　高端珠宝品牌产品定位 …………………………………（62）
- 第二节　高端珠宝产品定位案例分析——通灵珠宝 ……………（64）
- 第三节　高端珠宝品牌产品设计 …………………………………（67）
- 第四节　高端珠宝品牌产品质量管理 ……………………………（71）
- 第五节　产品策略案例分析——施华洛世奇 ……………………（74）

第六章　高端珠宝品牌的商品价格管理 (76)
第一节　高端珠宝品牌的商品价值 (76)
第二节　高端珠宝品牌的商品价格 (80)
第三节　影响高端珠宝首饰定价的因素 (82)
第四节　高端珠宝品牌的商品价格管理 (85)

第七章　高端珠宝品牌传播 (89)
第一节　高端珠宝品牌传播经典元素 (89)
第二节　高端珠宝品牌的广告策略 (92)
第三节　高端珠宝品牌的公关策略 (94)
第四节　高端珠宝品牌传播案例分析——蒂芙尼 (98)

第八章　高端珠宝品牌的产品创新与管理 (102)
第一节　产品创新的意义 (102)
第二节　产品创新的原则 (103)
第三节　产品创新的流程与管理 (105)
第四节　打造品牌的内涵与艺术 (109)

第九章　高端珠宝品牌销售团队建设与管理 (113)
第一节　高端珠宝品牌销售团队所具备的特征 (113)
第二节　高端珠宝品牌销售团队的主要分工及职责 (118)
第三节　高端珠宝品牌销售团队员工辅导的重点 (119)

第十章　高端珠宝品牌的服务管理 (125)
第一节　售前：抓住主要服务对象的心理 (125)
第二节　打造高端珠宝品牌的服务亮点 (126)
第三节　保证售后服务 (131)
第四节　服务团队的打造 (134)

第十一章　高端珠宝品牌的国际化 (142)
第一节　高端珠宝品牌国际化概述 (142)
第二节　高端珠宝品牌国际化模式 (145)
第三节　高端珠宝品牌国际化管理策略 (151)

主要参考文献 (155)

第一章 高端珠宝品牌概述

什么是高端珠宝品牌？它与奢侈品品牌是什么关系？中国有高端珠宝品牌吗？建设高端珠宝品牌的意义在哪里？本章我们将重点解决这些问题。

第一节 高端珠宝品牌与奢侈品品牌

近年来中国珠宝行业诞生了许多珠宝品牌，但严格地来说，多数品牌只是一个售卖珠宝首饰的牌子而已，因为它们的商品是同质化的，既没有独特的产品特色，也没有准确的市场定位，更没有清晰的利益诉求。而这里所说的高端珠宝品牌，是指专门经营高端的珠宝玉石，拥有独特的款式设计和精湛的制造工艺（甚至是顶级的手工艺），专门服务于小众群体（富裕阶层）的高品位的珠宝品牌。高端珠宝品牌塑造的品牌形象可能让一般的消费者望而却步，同时也会因其品牌定位高端、产品品质优良、款式奢华、外观亮丽无比，使人在惊叹之余，产生一种可望而不可即的感受。谈到这里，人们很容易将高端珠宝品牌与欧洲奢侈品品牌联系起来，那么，高端珠宝品牌与奢侈品品牌是什么关系呢？这一点我们随后探讨。下面，我们先认识一下奢侈品和奢侈品品牌。

什么是奢侈品？在学术界，奢侈品的概念是一个存在争议的问题，而且这种争议还在继续。从词本身来看，"奢侈品"并无贬义，其英文 Luxury 来源于拉丁语"Lux"，原意为"光"或"明亮"。显然，奢侈品最初的概念指的是那些闪闪发光的东西，比如钻石、黄金，延伸为价值昂贵的物品。但在中国传统文化中，对"奢侈"的解释具有明显的贬义，它是指一种生活方式，有"张扬、极致、浪费、讲究排场"的意思，与奢侈淫逸是相关联的，奢侈品即为满足这种奢侈淫逸的生活方式提供的物品。很显然，这与中华民族传统思想提倡的价值观是相左的。

广义上的奢侈品的定义是由不同的社会性质、社会结构、社会文化背景以及经济基础所决定的。从这个意义上来看，奢侈品不是一种简单的商品，而是兼具社会精神内涵，甚至具有政治和道德内涵的商品。因此，在不同的社会环境中，人们对奢侈品的理解是不一样的，这就导致了对奢侈品没有统一的学术定义。早在工业革命前,英国学者亚当·斯密在他的伟大著作《国富论》中,只是简单地将奢侈品定义为"所有不属于必需品的物品"。直至今天,许多英国的奢侈品研究机构仍然沿用这一概念。

朱明侠和周云(2008)提出,奢侈品是指消费者对某件特定商品预期会给自己带来的体验价值远远高于该商品具有的使用价值的一类特殊商品。这类商品的主要功能不是实现使用价值的转移,而是以满足体验及心理的需求为主要功能。因为消费者个体差异大,所以,这类商品能够实现的价值也因消费者感知不同而导致体验价值悬殊。

吴红梅等(2011)认为,目前已有的奢侈品定义更多的是站在自身的学科角度给出一种描述,没有深入到量化层面。他们认为,任何一种商品都具有价格和功能性价值,都会有反映价格与功能性价值的偏离程度的奢侈度,所以该研究是适合于多种商品的,是具有普遍意义的。奢侈度是反映商品价格对固有的功能性价值的偏离程度的变量,奢侈度越大,商品的价格相对越高,商品的功能性价值相对越小,即消费该商品是相对奢侈的。他们基于奢侈度,从量化层面提出奢侈品的定义:当一种商品的奢侈度 λ,即价格与功能性价值的比值大于或等于临界值 3.35 时,该商品为奢侈品。同时,作者还对奢侈品进行了进一步的细分,当 $3.35 \leqslant \lambda < 6.03$ 时,商品为普通奢侈品;当 $\lambda \geqslant 6.03$ 时,商品为超级奢侈品。

通过以上讨论我们可以认识到,同许多社会现象一样,仅停留在概念层面的争论是没有意义的,也很难形成统一意见。我们还是采用国际上通常定义的奢侈品概念来认识奢侈品:它是一种超出人们生存与发展需要范围的,具有独特、稀缺、珍奇等特点的消费品。

并不是所有奢侈品都有品牌。比如说,在瑞士,有很多技艺高超的钟表工匠,他们花费数年时间倾心打造的、工艺精湛的手表,理应属于奢侈品,但它们没有品牌。奢侈品从本质上看与品牌并无绝对的相关关系,但商业实践证明,众多从事奢侈品经营的企业在现代商业文明的冲击下不得不走上品牌化经营的道路,而且经营中先有奢侈品,然后才有奢侈品品牌。这一经营逻辑和其他类型的商品区别明显。大多数奢侈品企业采取品牌化经营主要有如下原因:第一,为了取得更大的市场份额,使品牌为奢侈品获取更高额的利润;第二,奢侈品独特的产品特征很容易形成差异化,品牌差异化能够制造细分市场的稀缺;第三,品牌为奢侈品提供了思想与文化的载体,使奢侈品能够迅速深入人心，在消费者心目中形成美好的记忆。

　　从广义来看，珠宝首饰无疑属于奢侈品的范畴，因为它确实是非必需的物品，但是，珠宝有很多品种，各个品种的宝石产地、质量、稀缺程度、名贵程度都不同，形成了不同档次的珠宝。从品牌的核心价值层面来看，珠宝首饰分为三类：一类是具有功能性价值的珠宝饰品，主要用作装饰，用来满足人们对审美的需求。一般来说，这类首饰价格较低，款式时尚，紧跟市场潮流，是追求时尚人士的首选，如石头记、各种银饰品牌等。第二类是具有情感价值的珠宝饰品，主要表达品牌情感内涵，如真情、友谊、关爱、温暖、牵挂等。品牌情感性价值可将冷冰冰的产品带到有血有肉的情感境界，赋予产品以生命的感染力，让消费者拥有一段美好的情感体验。比如，戴比尔斯（De Beers）一句"钻石恒久远，一颗永留传"的广告词，以钻石的坚硬代表忠贞不渝的爱情，将冰冷的石头化为纯真爱情的象征，激起消费者拥有的欲望。当今市场上多数珠宝品牌即属于此类。第三类是具有象征性价值的珠宝饰品，象征性价值也称自我表达价值，诠释品牌所蕴涵的人生哲理、价值观、审美品味、身份地位等。人们往往通过使用这类产品，体验人生追求，张扬自我个性，表达价值主张，寻找精神寄托。这类珠宝首饰称为奢侈品珠宝首饰。

　　我们所说的高端珠宝与奢侈品珠宝的含义相近。一般认为，奢侈品品牌因为具有悠久的历史、高端的定位和厚重的品牌文化沉淀，能够产生较高的产品溢价。而高端珠宝品牌的概念比较模糊，一般认为，它是现代珠宝营销中品牌差异化的结果，是专门服务于高端消费者的品牌。由于它历史不够悠久，品牌文化尚在建设当中，可能不会像传统的奢侈品品牌那样具有较高的产品溢价。同时，为了避免中国传统文化中对奢侈品认识的歧义，我们将这种具有奢侈品多数属性的珠宝品牌称为高端珠宝品牌。随着品牌营销中文化的沉淀和积累，高端珠宝品牌会成长为奢侈品品牌。

第二节　高端珠宝品牌的特征

　　塑造高端珠宝品牌，必须首先了解高端珠宝品牌的特征。就高端珠宝品牌的地位而言，既然谓之高端，必然在珠宝行业中所有评价品牌档次的技术指标都是顶尖的，是一般的珠宝品牌不可替代的。所以，高端珠宝品牌应具有如下特征。

一、市场地位特征

尽管高端珠宝品牌是服务于少数消费者的珠宝行业的顶级品牌,企业规模可能是从一个家族作坊式的小企业逐步发展起来的,但其顶级的产品质量、精细的首饰工艺、优质的服务早已在消费者心目中树立了良好的公众形象,形成了良好的口碑,奠定了其高端珠宝品牌的市场地位。当企业从一个家族作坊逐步成长为一个区域品牌甚至一个国际品牌时,早期奠定市场地位的产品特色、服务理念逐步沉淀为一种品牌文化。在品牌文化的感召下,拥有品牌产品成为绝大多数消费者梦寐以求的理想,因为此时的品牌产品已成为身份、品位的代名词。特别是当企业成长为社会公众关注的品牌时,品牌经营者持之以恒、长期不懈地坚持,维护着高端的品牌形象,积极支持与品牌形象提升有关的社会公益活动,使品牌成为大众关注、支持、渴望拥有(但对大多数消费者来说)却又可望不可即的品牌时,其高端的市场地位就会在消费者心目中自然确立。

二、产品质量特征

高端珠宝品牌在产品质量上必须至少具备如下特征之一:第一,选用优质材料加工而成。如经营红宝石首饰的高端珠宝品牌所选用的红宝石在颜色、净度、切磨工艺等各方面一定是顶级品质。第二,使用的宝石原料来自全球知名产地。这类原料即使在产品质量上稍有(肉眼不可见的)缺陷,价格也可能比不知名产地的、质量更好的宝石价格高。如缅甸的抹谷地区是全球知名的优质红宝石的产地,这里产出的红宝石的价格要高于其他产地的红宝石;同样是矢车菊蓝色蓝宝石,但产于马达加斯加的蓝宝石价格明显低于克什米尔产的蓝宝石(图1-1)。第三,在同类宝石材料中选择具有稀缺特征的宝石原料。如石榴石是常见的宝石,其中大颗粒的钙铝榴石是稀缺品种,优质的大粒钙铝榴石也可纳入高端珠宝的范畴;琥珀是一般的有机宝石,但是,若其中含有完整的昆虫化石,同样可以作为稀缺的宝石品种。第四,产品质量优质且是唯一的。一般来说,这种商品不是稀缺的,在市场上能够找到相似的商品,但这类珠宝首饰是某个名人佩戴过或拥有过的,或是历史上某个名人遗留下来的,是有故事或有文化沉淀的,它的价格自然比一般的同类商品要高。

当然,作为高端珠宝品牌的产品,是否满足这四个条件之一就可以认为它是高端珠宝品牌的产品呢?这要视具体情况而定。除了产品质量特征外,还需

 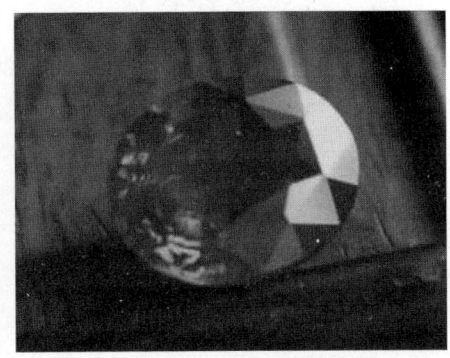

图1-1　马达加斯加（左）与克什米尔（右）的矢车菊蓝色蓝宝石

要满足其他条件。另外，高端珠宝产品作为奢侈品，其奢侈程度在不同消费者眼里也是不一样的。例如，图1-2为一颗含有昆虫化石的琥珀圆球，琥珀并不是高档宝石，但其中的昆虫化石十分完整，作为保存在琥珀内部的5000年前的生物，本身是十分珍贵且稀少的，不同的消费者对其价值的认识就不一样。一件价值超百万的大型翡翠摆件（图1-3），虽然价格昂贵，但材质非常一般，它是否为高端珠宝呢？只有仁者见仁、智者见智了。

图1-2　含有昆虫化石的琥珀　　　　图1-3　体积硕大的翡翠摆件

三、款式设计特征

高端珠宝品牌的款式设计特征非常明显,要么简洁,要么奢华。

简洁是为了突出宝石,能够起到吸引人眼球的作用,让人"一看就知道是好东西",如图1-4所示的未经镶嵌的翡翠极品挂件和手镯,外观精美程度远远超过一般的同类商品,故而以简洁的设计,以"天然去雕饰"的姿态展示珠宝玉石的名贵。

而奢华是为了使高端珠宝首饰显得雍容华贵,通过强调外观的设计感,做到先声夺人,使产品表现出非凡的气度,制造一种心灵的震撼,甚至可以让人们只看到外观的奢华而忽略产品本身的缺陷。如果高端珠宝首饰必须要在外观和功能之间作取舍的话,往往会牺牲首饰的功能而强调首饰的外观。如图1-5所示的是一套高端翡翠项链和耳环套装,每一粒翡翠戒面都是由高质量的翡翠原料加工而成,如果将每粒戒面单独设计加工成一件首饰,同样非常有档次,但完全失去了高端珠宝首饰应有的奢华风格而成为多数消费者都购买得起的普通首饰。将多粒翡翠组合在一起,配以体现奢华的钻石和贵金属,就使高端珠宝奢华的设计风格尽显无遗,当这样的首饰展示在消费者面前时,多数人只能为其奢华的造型而惊叹,哪怕心有所思,但商品的价格已经远远超过他们的消费能力了。

图1-4 未经镶嵌的翡翠极品挂件和手镯

图1-5 高端翡翠首饰

四、产品工艺特征

既然是高端珠宝首饰,在加工工艺上也是无可挑剔的,保持精细的首饰制造工艺是高端珠宝首饰的一个重要特征,也是它同一般首饰的重要差别。尤其是在当今市场竞争异常激烈的珠宝行业,多数企业考虑的是如何降低加工成本,提高加工效率。因此,大多数品牌产品都采用机械化注模铸造,批量生产,生产流程上尽量简化,工艺上粗制滥造的情况比比皆是,一些产品存在严重的工艺缺陷,这些缺陷可能直接导致首饰变形、主石或配石容易脱落、首饰很快变色或失去光泽等质量问题。而高端珠宝品牌讲究的就是精细的制造工艺,多数情况下,它们会坚持手工技术在产品制造中的比例,由技艺精深的珠宝工匠倾心手工打造,力求工艺精益求精,使高端珠宝首饰不存在任何工艺缺陷。在科学技术高度发展的今天,一些高新技术在珠宝制造领域得到了广泛的运用,部分工艺被现代科技所取代,但有些传统手工艺是无法替代的,因为它们能创造现代科技无法比拟的精细质感。正因为如此,多数高端珠宝品牌一直坚持传统的手工打造,一方面体现科技时代手工的稀缺,另一方面体现一丝不苟的工匠精神。运用手工打造,还可以刻意增加首饰制造的难度,让它成为高端珠宝品牌背后的故事。

五、材料特征

珠宝首饰的材料包括贵金属材料和宝石材料。高端珠宝品牌的商品一定是用最好的材料加工而成的,那么"最好"的标准是什么?以贵金属材料为例,在中国人的传统观念中,成色最足的贵金属材料才是最好的,如24K黄金(Au9999)、99%铂金(Pt990)等,其实不然。对珠宝首饰来说,判断一种贵金属材料的"好"与"坏",要看其用作首饰的金属性能,而不能单论成色。贵金属成色越高,硬度就会越低,越不能用来制作镶嵌首饰。18K黄金(Au750)、Pt900铂金是高端珠宝首饰最理想的镶嵌材料,无论在硬度、延展性还是抗磨损程度方面都很出色,可以使镶嵌宝石不至于轻易脱落。对于宝石材料来说,则一定要具有优质、独特、稀缺的特征,这样的原料才能加工出符合高端珠宝品牌产品要求的宝石。关于是否要同时具备这些特征,我们在产品质量特征中已经讨论过了。

六、价格特征

"物以稀为贵",由于高端珠宝首饰具有优质、独特、稀缺的特征,需要较高的材料成本,价格自然不菲,再加上独特的设计和首饰制造技术带来的成本,最终的销售价格对绝大多数消费者来说是望而却步的。

相对于多数高端珠宝首饰的高成本来说，奢侈品的价格似乎与成本没有太大的关系。奢侈品的高成本是靠概念来支撑的，也就是说，奢侈品的成本并不仅仅是我们看到的商品的价值，还包括了设计师精神、近于苛刻的对原材料的质量要求、巨额的推广费用和产品创作过程中的丰富故事，这些都是支持奢侈品高价格的情感因素，产生的成本也是无形的。而多数情况下，高端珠宝首饰的高成本是实实在在的投入，是实实在在的价值。正因为如此，尽管高端珠宝品牌的商品具有很高的价格，但衡量其是否为奢侈品的奢侈度 λ 值不一定高。也就是说，如果仅以奢侈度 λ 值来界定，高端珠宝很可能不属于奢侈品的范畴。但随着高端珠宝品牌文化的沉淀和人们对其品位的认同，高端珠宝品牌的商品价格会逐步向奢侈品品牌靠近。

七、消费群体特征

高端珠宝首饰令人咋舌的价格注定了它是服务于少数群体的。所以，从收入层面来说，高端珠宝品牌的消费群体主要是具有高消费能力的高收入群体，相对于他们的收入（或资产）来说，一件高端珠宝首饰在其中的占比微不足道。当然，珠宝首饰是文化饰物，佩戴高档珠宝是具有修养、内涵、品位或身份地位的象征，是优雅生活的代名词；即使有些消费者收入相对有限，但出于对高端珠宝首饰文化的理解、价值的认同，他们也可能对高端珠宝首饰产生狂热的追求，成为高端珠宝品牌的消费者。另外，佩戴珠宝天生是女性的专利，虽然这句话不太全面，但也反映了女性是珠宝消费的主流群体。所以，高端珠宝的消费群体主要以追求一定的品位、具有一定身份地位的富裕女性群体为特征。当然，我们也不排除当今社会中的一些暴富阶层也可能会成为高端珠宝的购买者，就像近年来的奢侈品消费一样。虽然他们对高端珠宝品牌的文化、品位、审美等认识有限，但他们可能知道高端珠宝的保值增值作用及高端珠宝品牌可以彰显身份地位。

第三节 中国高端珠宝品牌的产生和发展

品牌是现代商品社会的产物，我们不知道品牌出现的准确年代，但我们知道，当品牌作为与商品交换相联系的商品标记时，至少有 2000 年的历史；最古老的制造商品牌的出现可能也不过几百年。如前所述，高端珠宝品牌与奢侈品品牌具有某些相似的特征，本节首先介绍西方奢侈品品牌产生的背景，对比西方奢侈品品牌形成的环境，从历史角度探讨为什么中国没有奢侈品品牌，再来分析中国高端珠宝品牌的产生和发展。

一、西方奢侈品品牌产生的背景

西方奢侈品品牌是由奢侈品演化而来的，从奢侈品的出现到品牌化经营历时百余年，这是因为奢侈品品牌的产生需要一定的时间以及相匹配的环境，包括经济的发展、社会的分层、品牌文化的沉淀和工匠精神的传承。前两者是外部环境因素，后两者是企业因素，4个因素互相影响，才能推动奢侈品品牌的形成和发展。

经济的发展是奢侈品品牌产生和发展的基本动因。欧洲最早完成工业革命，经济高度发达，因而成为奢侈品品牌的发源地。欧洲奢侈品品牌发展历史悠久，早在18世纪就有大量奢侈品品牌在欧洲陆续诞生，随着两次工业革命的推进，欧洲奢侈品品牌繁荣发展达到鼎盛。第二次世界大战（简称"二战"）期间，奢侈品品牌发展受到限制甚至一度消失。"二战"以后，美国成为全球经济的主导，经过战争的刺激，美国的工业产能也达到了巅峰，经济全球第一，GDP占到了世界的56%，工业产值占到了世界的40%以上，黄金储备更是占到了世界的75%，成为新兴奢侈品品牌的源头。雅诗兰黛（Estée Lauder）、拉夫劳伦（Ralph Lauren）、蒂芙尼（Tiffany）等大多是"二战"以后成长起来的奢侈品品牌。20世纪80年代后，亚洲经济崛起，在经济高速发展的日本涌现出川久保玲、三宅一生、高田贤三等优秀设计师，他们相继创立了Comme des Garcons、Issey Miyake、Kenzo等奢侈品品牌。御木本（Mikimoto）珠宝是御木本家族创始的，具有100多年的历史，但同样是在这一时期快速成长的。

各个国家的政治、经济、文化背景不同，奢侈品品牌的成长之路也是不同的，但社会的分层是产生奢侈品需求的首要原因。因为奢侈品的购买者是由王室贵族等社会上层人士组成的小众群体，他们生活条件优越，追求享乐主义，渴望高品位的生活方式。在这种社会背景下，王室贵族的生活方式会被其他社会上层人士认同和模仿，购买奢侈品品牌就成为社会上层人士生活方式的标志。如今我们耳熟能详的顶级奢侈品品牌，大多创建于19世纪的欧洲。意大利、法国、英国、德国、瑞士是主要的奢侈品出产国，部分原因就是因为奢侈品品牌的发展与欧洲王室生活紧密相关。1837年，蒂埃里·爱马仕在巴黎开设了一家高级马具店。彼时，马车是社会上流阶层身份和财富的象征，贵族家庭通常拥有三四匹马，供不同场合出行。拿破仑三世上台后，为了提升法国的影响力，举办了两次万国博览会。蒂埃里·爱马仕抓住机会，携带产品参会并成功跻身"御用马具师"行列，自此才完成了爱马仕（Hermès）品牌的飞跃。1828年，皮尔·弗兰科斯·帕休·娇兰在巴黎开设了第一家香水店，1854年，娇兰（Guerlain）香水被拿破仑三世的皇后欧仁妮选为御用香水。同样因受到皇室认可，娇兰品牌开始风靡巴黎上流社会。1835年，14岁的路易·威登在巴黎创业，1837年，他开始为欧仁妮皇后制作旅行箱，自此这种旅行箱成为上流社会的象征物，并因此得以在1854年开设了第一家路易威登（Louis Vuitton）品牌店。1856年，托马斯·博柏利在英国设立第一家博柏利（Burberry）门店，同样因受到英国王室喜爱而跻身一线奢侈品牌，随后风靡上流社会。

奢侈品品牌形成的另一个重要因素是品牌文化的沉淀。来自不同国家的奢侈品品牌拥有不同的文化背景，因而会从不同角度讲述各自的品牌故事。法国的品牌故事是讲历史、讲皇室、讲设计师、讲它的精良手工艺，从一个很传统的故事开始讲述皇室文化；意大利是全球著名的艺术圣地，它的强项就是创新和设计，还有家族的传统，它们讲述的主要是设计师文化和品牌的家族世袭历史；美国就不一样了，美国的奢侈品品牌大都是"二战"以后诞生的，缺乏厚重的历史，所以，美国的奢侈品品牌走时尚路线，一般是品牌推出设计师，设计师推出明星，然后讲述明星的生活方式，设计师通过明星人物被社会所关注，以此来加强其品牌的形象，也就是说，它们推崇的是明星文化。

工匠精神是奢侈品形成的重要条件之一。工匠精神本是指手工艺人对产品精雕细琢、追求极致的理念，即对生产的每道工序和产品的每个细节都精益求精，力求完美。纵观欧洲国家的奢侈品品牌，无不包含工匠精神的影子。这些品牌的拥有者大多为家族，家族的产品风格、经营作风和精益求精的工匠精神世代传承，以此形成了代表品牌特色的品牌基因，并通过高端消费群体的口碑相传，吸引更多的追求品牌基因的消费者。诸如路易威登、爱马仕、百达翡丽（Patek Philippe）等顶级奢侈品品牌都是如此。

二、中国没有奢侈品品牌的原因

如果将奢侈品仅仅理解为高级消费品，那么，可以毫不夸张地说，中国自古以来一直就不缺乏奢侈品，那些以稀缺资源为原料加工的产品都属于奢侈品的范畴，如黄花梨家具、优质的和田玉制品、高档翡翠制品以及顶级丝绸等。传说慈禧太后的金丝织珠宝锦褥上镶嵌了12 604粒珍珠、300多块宝石和白玉，极尽奢华，这些都称得上是真正意义上的奢侈品。中国虽然不缺奢侈品，但没有属于中国本土的奢侈品品牌，主要是经济发展、社会分层、品牌文化沉淀和工匠精神传承这4个因素没有形成良好的协调机制。

由于中国长期处于半殖民地半封建社会，经济落后，奢侈品只是王公贵族的附属品。近代革命，军阀混战，民不聊生；中华人民共和国成立后，百废待兴，首先需要解决的是人们的基本生活需求，奢侈品因远离现实而在中国失去了生存的土壤。随着中国的改革开放，富有阶层逐渐出现，他们具有消费奢侈品的物质基础，但要理解奢侈品文化，还应具备高雅的生活情趣，这些仍有待培育。

如前所述，社会分层是产生奢侈品需求的首要原因。虽然中国在唐、宋、元、明、清时代也出现了社会分层，而且当时处于文化艺术的繁盛时期，陶瓷、书画、家具、各类工艺品、装饰艺术等异彩纷呈，皇家享用着难以计数的奢侈品，但是皇宫顶级奢侈品的提供者并非独立的商号（品牌），而是皇宫造办处；标识为朝代的年份（如康熙年制、乾隆年制等），而非匠人和商号的名称，有商号的大多不是御用品。结果，不但没有形成奢侈品品牌，反而随着封建王朝的覆灭，皇宫造办处及相应的产业也不复存在。这就使有可能出现极品的行业缺乏奢侈品品牌形成的基础，昔日的皇宫珍宝仅仅成为了今天博物馆里的古董。

奢侈品品牌形成的一个重要因素是品牌文化的沉淀。在中国，奢侈品消费文化是断裂的。直到民国时代，还残存着遗老遗少的奢华生活方式。但是，中国的近代革命，让皇家、王室、贵族从几千年的历史舞台中退出了，起源于皇室、贵族的奢侈品消费文化没有向社会的富裕阶层转移而得到传承，中国奢侈品的消费需求随着庞大的皇亲国戚和贵族的消失而消失了。1949年中华人民共和国成立之后，一方面提倡勤俭节约，另一方面运动不断，直至爆发了史无前例的"文化大革命"，彻底砸烂了奢华之风。至今，人们还在争论中国是否需要奢侈品和奢侈品品牌。可见，奢华之风还没有完全恢复。所以，从历史上看，古代形成的奢侈品消费的文化环境，到了近代，随着社会环境的变革而断裂了，诸多奢侈品也消失了。

奢侈品形成还有一个因素是工匠精神。古代工匠创造的绝世精品无不包含工匠精神，一件奢侈品，可能花数月甚至数年的时间才能制作出来。我国古代服务于皇宫造办处的工匠都是身怀绝技的大师，他们并不追求效益，而是追求完美，通过对产品精雕细琢、精益求精赢得自己的声誉，赢得皇室的满意。工匠们不断雕琢自己的产品，不断改善自己的工艺，享受着产品在双手中升华的过程，更好地服务于皇室，为人类创造了不朽的精品。但随着封建王朝的覆灭，这些制造精品的大师因缺乏施展绝技的用武之地而自然消失在民间，即使那些与皇亲国戚有千丝万缕联系的技艺被保留下来，但他们的服务对象改变了。特别是中华人民共和国成立初期，一穷二白的社会主义国家所面临的问题是如何解决人民的生存与发展问题，工匠精神更加缺乏了存在的土壤。直到今天，虽然工匠精神日益受到重视，但也没有完全得以恢复。

可见，由于经济的落后、皇家造办处垄断，中国古代虽然有奢侈品但没有诞生奢侈品品牌，社会的剧烈变革导致了文化的断层和工匠精神的缺失，中国缺乏奢侈品品牌也就成为必然。

第四节　高端珠宝品牌建设的意义

中华民族具有5000多年的悠久历史和灿烂文化，源远流长的中华优秀文化博大精深、底蕴深厚，在人类文明史上独树一帜，从发端、定型再到扩散的过程中，各种文化相互凝结和整合，形成了中华民族特有的信仰追求、价值观念、审美倾向、思维方式、人生信条、处事原则，它们构成了中华民族传统文化的精髓。虽然我们创造了灿烂的文明，但不得不承认，在很多方面我们已经落后了。近年来，随着中国经济的高速发展和人们消费水平的提升，消费者已经具备高档商品的消费能力，各行业的品牌建设也如火如荼。在珠宝行业，我们应开展高端珠宝品牌建设，并在此基础上注重挖掘品牌历史，沉淀厚重的品牌文化，这样通过若干年的积累，高端珠宝品牌就有可能成为奢侈品珠宝品牌。

一、建立中国高端珠宝品牌的条件

尽管过去的历史文化环境延缓了中国奢侈品品牌出现的时间，但是经过40余年的改革开放，人们的生活水平已大幅提高，形成奢侈品品牌的社会环境和市场环境在中国开始出现并且日趋成熟。具体地说，表现为以下 4 点。

1. 中国的改革开放使整体经济水平得到了提升

自 1978 年党的十一届三中全会作出实行改革开放的重大决策后，我国的发展战略转向以经济建设为中心，经济快速发展，国家的综合实力大大增强，人民的生活水平快速提高。短短几十年的时间，我国已成长为全球第二大经济体，人均生活水平达到中等国家的水平，多数人的基本生活需求已经得到满足。按照马斯洛的需求层次论，当一种需求满足以后，就会被另一种更高层次的需求所取代，这是经济的发展推动人们的需求向更高层次需求发展的必然结果。

2. 中国出现了富裕阶层，小众的高消费群体已经形成

中国是社会主义国家，提倡走共同富裕的道路，但在经济发展的过程中，不同地区经济发展的差异较大，不同的人所掌握的知识、技能、人脉、资源不同，致富的道路也是不一样的。于是在中国就出现了先富阶层。很显然，先富阶层已经产生了对奢侈品的需求，近年来，中国消费者对西方奢侈品的狂热追求就说明了这一点，他们的消费能力受到了国际奢侈品界的重视。

3. 中国具有深厚的文化底蕴

中国是一个文明古国，5000 年的华夏文明积累了深厚的文化底蕴，形成了博大精深的中华民族文化。只要我们将中华民族文化的精髓提炼出来，融入奢侈品品牌文化之中，必定能够迅速取得消费者对品牌文化的认同。中华民族是一个勤劳、智慧的民族，在生产实践中积累了丰富的生产经验、生产工艺及工艺改进的绝技，每一种绝技都可以演变成一种品牌文化，成为凝聚消费者信念、理想和追求的产品，满足人们的需求。

4. 工匠精神正在得以重拾

工匠精神代表精益求精、注重细节、追求完美和极致，代表严谨和一丝不苟，代表耐心、专注、坚持，代表专业和敬业。在工匠精神的驱使下，企业能够不断提升产品和服务，不断完善设计、生产工艺流程，打造同行无法匹敌的卓越产品。自古以来，我国一直重视工匠精神，力求将产品做到极致，李克强

总理在 2016 年的《政府工作报告》中提到，要鼓励企业开展个性化定制、柔性化生产，培育精益求精的工匠精神。将工匠精神写进《政府工作报告》，成为决策层共识，显得尤为难得和宝贵，对新时期弘扬工匠精神起到了极大的推动作用，为高端珠宝品牌的创造在产品工艺上指明了方向。

二、创立高端珠宝品牌的意义

在中国，珠宝行业是一个古老的行业，在历史的发展长河中，中国的工匠创造了众多的、有些甚至是不可复制的奢侈品，但由于当时的服务对象是帝王将相和王公贵族，奢侈品没有走向市场化的道路，所以中国有奢侈品但没有奢侈品品牌。新的历史时期，我们重提创立高端珠宝品牌具有重要的历史意义和现实意义。

1. 创立高端珠宝品牌可以传承工匠精神

高端珠宝首饰不仅要求首饰材料具有高档次、高质量，还需要稀缺的、精细的手工打造，如果不按工匠精神的要求注重首饰制作的每一个细节，潜心制造绝妙的手工艺品，就不能成就绝无仅有的高端珠宝首饰。中国的工匠有超人的智慧，历史上曾为人类留下许多难解之谜。只可惜，这种工匠精神没有得到很好的传承，尤其是在改革开放的进程中，部分企业为了追求短期经济效益，在产品制作上粗制滥造，将中华民族精益求精的精神抛在了脑后。结果，使"中国制造"成为劣质工艺的代名词，严重损坏了国家形象。这一状况在中国政府将"中国制造"上升到强国战略层面后，迅速引起国人的重视。高端珠宝首饰是贵重商品，在制造过程中本来就应该精工细做，不仅向消费者展示商品的档次，还展示工艺绝技，体现工匠精神的传承。

2. 创立高端珠宝品牌可以更好地满足高端珠宝消费者的需求

创立品牌的目的之一就是能够使消费者认牌购买。近年来，伴随着中国改革开放的步伐，居民的收入差距逐渐拉大，先富阶层具有巨大的奢侈品的消费需求和消费能力，但由于国内奢侈品品牌的缺乏，国外奢侈品品牌成为了他们的购买首选。但是，珠宝首饰不同于服装、皮包、香水等奢侈品，从价值层面来讲，尽管奢侈品购买者追求的是象征性价值，但功能性价值和情感价值也是必不可少的。珠宝首饰是文化饰物，中国人喜欢的珠宝首饰有其独特的品种和造型，国外的奢侈品珠宝不一定符合中国人的审美，如大多数中国人喜欢的绿色宝石是翡翠而不是祖母绿，他们偏好的首饰造型风格是对称和灵秀。由于东西方文化的差异，只有中国自己的高端珠宝品牌，注入中国特有的文化内涵，才能更好地满足中国消费者的需求。

3. 创立高端珠宝品牌可以实现差异化经营

改革开放以来，中国珠宝行业快速复兴，并且随着中国经济的高速发展和居民收入的大幅提高，中国已经成为全球第二大珠宝消费国，珠宝市场的发展为全球珠宝商所注目。但珠宝市场在发展过程中也存在着很多问题，首要的是产品同质化的问题。大多数珠宝品牌缺乏清晰的品牌定位，不同品牌在品牌形象、经营策略、产品特色上没有差异，如果隐去品牌标识，产品放在任何品牌都合适。创立高端珠宝品牌实际上是从品牌定位上实行差异化经营，使品牌的产品档次、产品质量、产品工艺和产品价格明显不同于其他品牌。

4. 创立高端珠宝品牌可以有效地应对市场竞争

珠宝市场如果长期处于同质化市场状况，市场竞争就只能局限在价格层面，以更低的价格去赢得更多的顾客。在价格大战中，企业的利润被无限压缩，企业长期在无利润或低利润中苦苦挣扎，只能将企业带到"死亡"的边缘。创立高端珠宝品牌，实现差异化经营，尽管品牌选择的消费群体是一个小众群体，但由于定位十分明确，利益诉求十分清晰，依靠品牌的力量同样可以凝聚人心，通过文化的营销求得更高的产品溢价，争取更大的利润空间。

第二章　高端珠宝品牌的建立

随着中国经济的高速发展，中国的奢侈品消费迎来了井喷式的增长，但其中绝大部份份额被国外品牌占据，真正属于中国的奢侈品品牌几乎还没有。要满足中国市场强大的奢侈品消费需求，必须创建我们自己的奢侈品品牌。但必须清醒地认识到，建立奢侈品品牌是一项长期战略，必须掌握奢侈品品牌的成长规律，从奢侈品品牌运营的角度，系统地进行规划。同样地，成功运营一个高端珠宝品牌也不是短时间能做到的事情，而是要通过数十年的品牌积累，形成独特的品牌特色和厚重的品牌文化，使高端珠宝品牌逐步向奢侈品品牌靠近。早期的学者曾总结了奢侈品品牌的10个特征，它们分别是：极高的质量、传统的手工制作、独特的产品设计风格、限量生产、强烈的情感诉求、全球范围的声誉、与原产国文化背景的紧密联系、唯一性、不断的设计创新能力和高价值标准。这些特征不乏有一般品牌所必备的特征，有些则是奢侈品品牌基因的外部表现。奢侈品品牌特征的塑造过程就是为奢侈品注入品牌基因的过程，高端珠宝品牌要成长为奢侈品品牌，必须在建立之初就注入奢侈品的品牌基因。同时，有些品牌基因的塑造是在品牌设立之初就要坚守的准则，有些则是在品牌运营过程中逐步使消费者认同和接受。高端珠宝品牌的运营还受社会环境和市场环境的制约。因此，中国高端珠宝品牌的形成是一个非常漫长的过程。本章将围绕这些特征探讨如何建立一个高端珠宝品牌。

第一节　注入高端珠宝品牌的品牌基因

高端珠宝品牌的建立并非一日之功，形成过程同奢侈品品牌的成长过程一样漫长，必须通过几代人长期不懈的努力才能实现。而要使高端珠宝品牌成长为奢侈品品牌，在其建立之初就要注入奢侈品品牌的基因。事实上，随着中国珠宝行业的市场竞争越来越激烈，一些具有前瞻性的企业已经走上了高端珠宝品牌建设之路，例如尚珠宝（Sense Jewelry）。

尚珠宝是深圳市尚艺廊文化传媒有限公司于2011年创办的高端珠宝品牌，投资人是香港某上市公司，经营的宝石品种包括顶级彩色钻石、彩色宝石和极品珍珠。它的前身是一家专注于黄金、翡翠首饰研发制作的大型家族企业。尚珠宝的传奇历史可追溯至 1868 年，起初它只是众多知名珠宝品牌的供应商，后来时任法国皇室珠宝匠的尚珠宝创始人 Sébastien 凭借着卓绝的手工技艺和对彩宝的挚爱，在巴黎开设了属于自己的珠宝店，该店成为皇室贵族们拥有奢美彩宝首饰的梦工厂，后逐步发展为国内高端珠宝定制品牌。时至今日，尚珠宝历经时光洗礼与文化积淀，传承极富创造性的设计哲学与尊贵的血统，为追求高品质生活的现代女性定制独一无二的高级彩宝及彩钻臻品。多年来，它的服务对象包括各大银行顶级 VIP、国内顶级商学院、高端精英女性俱乐部以及各界名流名媛。

  尚珠宝拥有优秀的宝石采购师，他们以敏锐的艺术触角和独到的慧眼，在全球为顾客搜集品质优良的专属珍宝，保证了宝石原料的质量、档次和珍稀性。同时，始终坚持"设计至上"的经营理念，与英国皇室御用品牌杰拉德（Garrard）、国际顶级珍珠品牌 Autore 等设计师深度合作，不断吸纳东南亚、中国港澳台知名珠宝设计师及中国内地新锐设计师为顾客提供个性化的一对一定制服务，运用品牌创始人 100 多年来积累和传承的手工技艺，将非凡的艺术品味和精益求精的制作工艺相融合，为客户提供尊贵的定制享受，让无数富贵名流美梦成真（图 2-1、图 2-2）。

图 2-1　尚珠宝设计的彩色宝石项链

图 2-2　尚珠宝设计的珍珠项链

  "尽时尚之美，享生活之悦"是尚珠宝信仰的品牌理念。作为时下首屈一指的高级珠宝定制机构，尚珠宝的出现重新定义了高级珠宝业界的时尚标准。

同时，尚珠宝对于时尚的高瞻视野和专业解析，也将高级珠宝的前沿理念升华至新的高度。尚珠宝的国际精英团队深入世界时尚之都巴黎、米兰、伦敦、纽约等核心地带，精准把握前沿风向，提取时尚潮流精髓，以鲜活的时尚元素调和传承经典的法式浪漫，将充满生命力的珠宝杰作带入名媛们的高品位生活之中，引领奢美非凡、愉悦人心的极致生活风尚。该公司还将重金打造一个全新艺术文化生活孵化平台，携尚珠宝已签约的众多国内外顶级珠宝设计师品牌以及每一期新文化生活艺术定制品牌的全球首发新品，结合尚珠宝身后强大的金融背景和社会背景，帮助品牌在全中国顶级圈层提升影响力。除国外的经营业务外，尚珠宝以深圳为基地，已将业务拓展至北京、上海、香港等地，正试图通过努力，让中国5000万名流认识和享受到真正的高端珠宝和高品位的生活。

从以上介绍中我们可以看出，尚珠宝是一个从事高端珠宝定制的年轻的时尚品牌，从这个品牌诞生之日起，品牌经营者们即开始注重向品牌中注入奢侈品品牌的基因。这些基因包括以下6个方面。

一、极高的产品质量

任何在市场上销售的产品都应该具有良好的质量，对于高端珠宝品牌而言，产品质量的要求则更为苛刻，这是高端珠宝品牌质量定位战略的要求，也是它成为奢侈品品牌的首要条件。优秀的产品质量首先体现在实实在在的原材料品质上，尚珠宝培养专业的宝石采购师在全球范围内采购各种顶级宝石，目的之一就是为了保证宝石材料的绝对优质、珍稀和难得。这一点对中国本土高端珠宝品牌是十分重要的，它能使顾客从材料本身的质量上感受到珠宝首饰的价值不菲。对产品质量的重视和监督无论是对于国际奢侈品品牌，还是对于想要跻身奢侈品行列的高端珠宝品牌而言，都是十分重要的。

1895年，由阿尔弗莱德·梵克和艾斯特尔·雅宝创立于法国巴黎的梵克雅宝（Van Cleef&Arpels）可以说是对产品质量近于苛求的典范，多年来，该品牌对珠宝首饰的宝石来源和贵金属含量进行严格的品质管控，使之成为各国贵族和名流雅士所钟爱的顶级珠宝品牌。梵克雅宝的第三代传承人克劳德·雅宝常言道："每颗宝石都拥有独一无二的灵魂"。梵克雅宝所采用的宝石在净度、色彩、切割和重量等方面均超越了最严格的标准，造就与宝石的邂逅，冶炼出唤醒感官的神秘力量。世家根据这些标准进行初步筛选，然后只有1%或2%的宝石经过拣选获得他们的青睐。

图 2-3 所示的项链是梵克雅宝的旷世杰作,是温莎公爵特为夫人 40 岁生日定制的。项链的中间部分由红宝石制成,可以自由拆卸,放置在项链的中央或一侧。对宝石近乎苛刻的质量要求、精细的工艺和独到的设计成就了梵克雅宝的经典。

图 2-3 温莎公爵为夫人订制的红宝石项链

不过,高端珠宝的优秀品质并不仅仅局限在材料本身的质量上,还体现在与产品质量相关的其他方面,如精心的设计、精细的做工、细致的产品包装,甚至专卖店考究的陈列、训练有素的员工以及整洁的店面等,每一个细节都应该是对奢侈品行业所推崇的工匠精神的完美演绎。

二、高端的市场定位

几乎所有的欧洲奢侈品品牌都或多或少地与皇室背景有关,如卡地亚(Cartier)之所以被誉为"皇帝的珠宝商,珠宝商的皇帝",是因为在拿破仑三世统治时期,卡地亚曾幸运地得到了拿破仑年轻的堂妹玛蒂尔德公主的垂青,经她的推荐,卡地亚与皇室贵族和社会名流保持着紧密的交往,由此卡地亚珠宝风靡了当时的巴黎,深受欧洲皇室的推崇。1902 年,英国威尔士亲王从卡地亚定购了 27 件冕状头饰,并在他被加冕为爱德华七世的典礼上佩戴;1904年,爱德华七世赐予了卡地亚皇家委任状,任用卡地亚为皇室御用珠宝制造商。此后,卡地亚又陆续得到了西班牙、葡萄牙、俄罗斯、希腊、塞尔维亚、比利时、罗马尼亚、埃及、阿尔巴尼亚和摩纳哥等国王室的委任状。在人们心目中,卡地亚成为上流、品位、财富、高贵的代名词。

高端的市场定位是奢侈品品牌定位的必然要求。西方奢侈品消费者多为皇室贵族、社会名流,这个阶层有着卓越的审美观念,能够从使用产品的愉悦和享受中找到高尚的文化品位。定位越高端,目标群体越小众,越能凸显奢侈品的稀缺与珍贵。这也是尚珠宝确立"让中国 5000 万名流认识和享受到真正的高端珠宝和高品位的生活"这一品牌定位的原因。

三、厚重的品牌历史

挖掘品牌历史是高端珠宝品牌向奢侈品品牌靠近的一个重要步骤,因为高端珠宝品牌与奢侈品珠宝品牌的差距之一就是缺少在厚重的品牌历史上不断沉淀和积累的品牌文化。奢侈品品牌最重要的特征之一就是长期的历史文化传承和全球范围的品牌声誉,后者是建立在前者基础之上的。回望今天仍然名声显赫的法国奢侈品品牌,基本都创建于 19 世纪中期和 20 世纪初期的巴黎,如娇兰(1828)、爱马仕(1837)、卡地亚(1847)、路易威登(1854)、梵克雅宝(1906)、香奈儿(Chanel,1910)等。意大利的奢侈品品牌也是类似地出现在相同时期,如宝格丽(Bvlgari,1884)、芬迪(Fendi,1897)、杰尼亚(Zegna,1910)、普拉达(Prada,1913)、古琦(Gucci,1921)和菲拉格慕(Ferragamo,1927)等,它们大多具有 100 多年的品牌历史。

中国奢侈品的历史相当久远,却没有奢侈品品牌。新创立的高端珠宝品牌又由于历史太短,没有文化的积淀。但我们可以深入挖掘品牌的历史,讲述珠宝背后的故事,传承优秀的品牌文化,将历史上形成的优秀品牌基因有序地传承下来。事实上,为了向奢侈品品牌靠近,提升自身品位,国内一些珠宝品牌已经开始注重品牌历史的挖掘工作。如周大福将品牌历史追溯到 1929 年;老凤祥将品牌历史追溯到 1848 年;作为新生的高端珠宝品牌——尚珠宝也将品牌历史追溯到 1868 年。品牌历史的挖掘为传承和沉淀优秀的品牌文化奠定了基础。

四、精湛的首饰制作工艺

精细的手工打造可以缔造奢侈品唯一的、不可复制的产品品质,体现奢侈品独特的价值,而且在工业化进程日益加速的社会里,限量的手工打造才能体现产品的稀缺性。稀缺性也是奢侈品必须具备的产品基因,越是稀缺的产品,越是能激起人们拥有的欲望,越能体现奢侈品的价值。作为全球知名度最高、历史最悠久的珠宝品牌之一,卡地亚可以说是奢侈品品牌中精湛首饰制作工艺的代表。无论是高级珠宝还是腕表系列,卡地亚都以传统的手工打造、精细的制作工艺、专业的技术风格和独特的设计理念传递着品牌的高贵价值。

梵克雅宝精湛的首饰制作工艺可以从"隐密式"镶嵌法上体现出来。如图2-4所示,"隐密式"镶嵌法指的是从饰品正面完全看不见任何金属支架或底座,所以也叫"不见金镶"和"无边镶",这种技法由巴黎工匠于1929年发明,经历了数十年考验,目前也只有极少的珠宝镶嵌师懂得这种工艺。1934年,梵克雅宝申请了"隐密式"镶嵌的专利,后来这项镶嵌技术被改称为"隐秘式"镶嵌。这种鬼斧神工的镶嵌技术没有任何肉眼可见的爪子,镶饰效果简洁悦目,令

图2-4 梵克雅宝"隐密式"镶嵌

它的每件珠宝都具有无与伦比的玲珑剔透感。无论是栩栩如生的蝴蝶还是冰清澄澈的雪花,每件饰物都体现着梵克雅宝的细腻与灵动。时至今日,"隐密式"镶嵌法独特的镶嵌制作工艺依然是梵克雅宝傲然于世的一个重要原因。

精湛的首饰制作工艺是在历史的沉淀中积累起来的奢侈品品牌重要基因之一,它离不开设计师、镶嵌师、抛光师与宝石工匠之间的持续交流。为了确保成品的精确与和谐,现代首饰制作工艺常常用蜡模或3D打印技术,对首饰中的重要组件进行塑形,再用手工技术进行拼装、打磨,完美诠释工匠精神。

五、经典的产品设计风格

同所有奢侈品品牌一样,高端珠宝品牌应该有鲜明的产品设计风格和标志型产品,其造型设计之独特、生产过程之复杂、生产工艺之精细、所选材质之考究,让熟悉这个品牌的消费者一眼就能识别出来。无论是卡地亚的豹形戒指(图2-5),还是梵克雅宝的Zip项链(图2-6),都反映了奢侈品品牌经典的

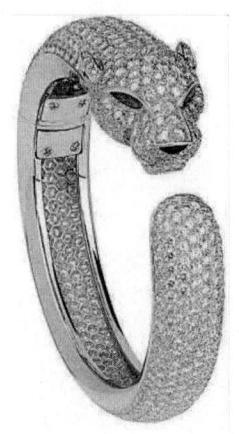 

图 2-5 卡地亚的豹形戒指　　　　图 2-6 梵克雅宝的 Zip 项链

产品设计风格。

卡地亚的豹形造型已经为世人所熟知了,看到这个造型,人们马上就会联想到温莎公爵和夫人那段刻骨铭心的爱情故事。Zip 项链的灵感则源自拉链,其创作起源可以追溯到 1939 年,拉链最早用于飞行员外套及水手制服之上,后来为高级定制时装所采用。梵克雅宝创始人夫妇之女、时任创意总监的芮妮·皮森特听取温莎公爵夫人的建议,为温莎公爵夫人打造了一件以拉链为灵感的珠宝。1950 年,Zip 项链正式面世,迅速在上层社会引起轰动。这款首饰不仅外观精美绝伦,还有独特之处在于,将拉链打开可作项链佩戴,闭合后则变为手链。独到的设计使 Zip 项链成为梵克雅宝的经典作品。

从卡地亚和梵克雅宝的经典产品对品牌的支持作用可以看出,对高端珠宝品牌来说,形成鲜明的设计风格是十分重要的。它不仅可以起到品牌识别作用,还可以激发顾客的品牌联想,使之对品牌价值产生认同感。

六、不断创新的品牌精神

奢侈品品牌的另一个特点是矢志不渝地围绕品牌特色进行不断创新。卡地亚品牌经营的成功不仅在于"皇帝的珠宝商,珠宝商的皇帝"背后的光环,更在于卡地亚家族传承人在前辈品牌积累的基础上不断拓展品牌空间,在产品材质、款式设计和工艺上不断突破和创新,积累了厚重的品牌文化。从 20 世纪初开始，品牌创始人路易·弗朗索瓦·卡地亚把来自埃及、波斯、远东和俄罗斯的一些设计灵感和风格融入抽象设计中。1906年，他们开始把浓郁的色彩和一些崭新的材料，如缟玛瑙、珊瑚等运用到设计中，形成了一种新的艺术风格。这种风格在1925年巴黎举办的国际现代装饰及工艺艺术展览之后，被誉为"装饰艺术"（Art Deco），从此闻名于世，并引领当代艺术及时尚的潮流。卡地亚的产品设计还十分注重融入世界各地优秀的文化元素，设计出为全球高端消费者普遍认同和接受的旷世杰作。1992年，卡地亚进入中国市场，为了强化卡地亚产品与中华民族文化的联系，该品牌于2008年在中国北京举行隆重的产品发布会，推出其最新设计——"龙之吻"系列（图2-7）。到了21世纪，卡地亚已经是全球顶级的奢华珠宝腕表品牌，是经典和创新设计及卓越工艺的代名词，是珠宝和钟表领域中的领导者。

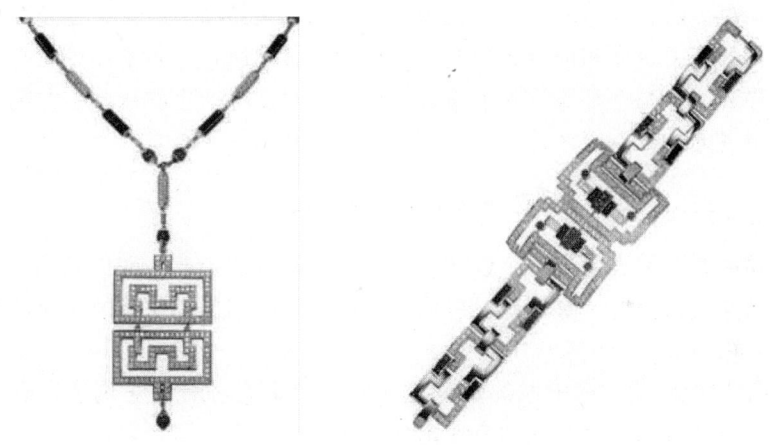

图2-7 "龙之吻"系列首饰

　　高端珠宝品牌的形成是一个不断求变的过程，品牌的产品应具有鲜明的设计风格，并随着时间的流逝使设计风格完成从独特到经典的演化过程，同时要为品牌特色注入新的元素，以不断的创新精神引领时尚潮流，在不断的创新中实现经典与时尚的演绎。

　　高端珠宝品牌在形成之初就要注入奢侈品的品牌基因，它是高端珠宝品牌形成的基石。除以上6项品牌基因以外，确立一个与品牌创始人有关系的品牌名称也是极有必要的。纵观欧洲的奢侈品品牌，拥有者大多为家族，品牌名称即以家族姓氏命名。随着家族子孙后代的传承经营，品牌影响会越来越大，卡地亚、路易威登、爱马仕等顶级奢侈品牌都是如此。

高端珠宝品牌本身就是为满足小众的高端消费群体的需求而存在的，这个群体需要的是有档次、有品味和与众不同，以便显示出拥有者高贵的身份地位。因此，高端珠宝品牌应该从产品质量特征、高端市场定位、品牌历史和文化、精湛的首饰制作工艺、经典的产品设计风格、不断创新的品牌精神等方面讲述品牌故事，使消费者对品牌充满无限的想象力，满足他们的需求。

第二节 建立高端珠宝品牌的品牌文化

所谓品牌文化，是品牌经营者逐步在品牌中注入的，得到消费者广泛认同的品牌特色、品牌经营理念和价值观念的总和，是品牌在经营中逐步形成的文化积淀，代表了企业和消费者的利益认知、情感归属，代表了品牌自身的价值观、世界观。它是一种能反映消费者在精神上对品牌产生的认同、共鸣，进而占领消费者的心智，使之持久地信仰该品牌的基础。

一、西方奢侈品品牌的文化特征

奢侈品产业本身就是一个以文化价值观为基础的产业，奢侈品品牌必须具有独特的文化特征。了解这些，可以为我们探讨高端珠宝品牌的文化特征提供参考。

19世纪中后期，殖民地的财富不断向欧洲集聚，欧洲开始进入高消费时代。在欧洲社会按照财富的拥有量出现了明显的社会分层，奢侈品的消费主体除了帝国贵族外，还包括新中产阶级、工业家、企业家、银行家和富豪犹太人等。财富把他们带进顶级社交圈子，他们开始学习和模仿贵族的生活方式，形成了时尚和奢侈的生活潮流。拥有和佩戴一件奢侈品成为进入顶级社交圈子的通行证。

法国是奢侈品品牌最早的诞生地，法国的奢侈品品牌推崇的是贵族文化，不论是路易威登还是卡地亚，其品牌故事都在讲历史，讲皇室，讲匠人们精良的手工艺和皇室贵族精细、高贵、严谨的生活方式。

意大利是欧洲艺术的摇篮，是文艺复兴的发源地，也是现代艺术流派诞生的温床。第二次世界大战后，意大利设计的发展被称为"现代文艺复兴"，对全世界设计界产生了巨大冲击。他们把情怀融入到生活的各个方面,在他们眼里,万物皆美好,而任何美好都是值得被赞扬的,所以在这里诞生的一切,无论是艺术、绘画、歌剧、音乐,还是建筑、时装、家具等,往往既富有激情,又饱含浪漫。因而,意大利的奢侈品品牌主要是从设计中体现意大利热情、奔放、浪漫的民族风情,通过艺术的感染力成就品牌。

再看看美国的奢侈品品牌。美国的历史很短,只有200多年的时间。美国文化其实就是大众文化,还有明星文化,人们崇尚时尚的生活方式。所以,美国的奢侈品品牌讲述的是生活方式,它推出设计师,设计师推出明星,然后讲述明星的生活方式,设计师以被社会所关注的明星人物来强化品牌形象,突出时尚的品牌个性。

由此可以看出,不同的国家,文化背景不同,奢侈品元素也不同,有不同的品牌文化。法国的奢侈品品牌以贵气与传统创造独特的品牌文化;意大利的奢侈品品牌以创新与设计形成其浪漫的品牌文化;美国的奢侈品品牌则是以明星故事创造时尚生活方式,进而形成其品牌文化。那么,中国高端珠宝品牌需要什么样的品牌文化?这是一个值得我们思考的问题。

二、建立独特的高端珠宝品牌文化

奢侈品很重要的一个功能就是营造梦想,即让顾客以及公众产生对产品及品牌的美好梦想。例如,恋人们梦想拥有卡地亚钻戒,成功男士梦想佩戴劳力士(Rolex)手表。这种美好的梦想和产品原产国的文化形象在人们心目中紧密相连,从品牌的角度来讲,奢侈品品牌往往带有强烈的国家文化属性。例如,法国代表的是前卫与浪漫,瑞士代表的是精准和高质量,意大利代表的是热情奔放。国家所代表的文化会注入到本国出产的奢侈品品牌和产品中,为奢侈品品牌打上清晰的文化烙印。那么,中国的高端珠宝品牌靠什么文化属性来营造品牌梦想呢?这是建立高端珠宝品牌首先要解决的问题。

不同的文化背景下会形成不同的品牌特色。中华文化的主流和底色是儒家文化,其核心价值观是仁、义、礼、智、信,它以孔孟之道构建以"仁"为宗旨的知识体系,倡导人们通过自我修身为齐家、治国、平天下奠定人格基础,通过践行中庸之道处理人与自然、人与社会的关系。"天人合一"的宇宙观勾勒出人与自然和谐相处的美好景象,"仁者爱人"的交往观在社会生活中建立了充满温情的人伦秩序,以实现天下为公的大同世界。就其表现形式来说,谦虚、内敛、雅致、有内涵、不张扬、不浮华是儒家文化的特征，这也是中国古代文化给世人留下的印象。

其实，中国古代文化留下了许多令人向往和推崇的元素。中国古代的丝绸、瓷器、茶叶等通过陆上和海上丝绸之路源源不断地销往西方，这些物品无不体现出中国文化中的内敛、精致、高雅等元素，带有强烈的中国文化信息，成为西方上流社会喜爱的奢侈品。但是，改革开放以来，在功利主义思潮的影响下，中国的企业家大多心态浮躁，急功近利，总想着能一夜暴富，而没有耐心去长远地考虑如何建设一个品牌。中国的现代产品往往是廉价和质次的代名词，大量中国制造的廉价纺织品和日用品充斥欧美低价位的折扣超市，严重损坏了"中国制造"的形象。另外，奢侈品品牌的形成需要长期的文化积淀，服务的是小众群体的高端市场。而近代中国的许多商家讲究市场占有率，总想借着中国庞大的人口基数，尽可能地获取更多的利润，所以中国还没有进入奢侈品领域的珠宝品牌。要成功建立中国的奢侈品品牌，首先就要解决这个根本矛盾。具体来说，我们首先要建立扎根于中国古代灿烂文化基础上的强势品牌文化，当然，这种强势的品牌文化应该是对中国古代文化精髓的现代解读和创新；其次要打造具有国际水平的高超生产工艺，保证珠宝产品的顶级质量，逐步改变中国产品价低质次的形象。

在高端珠宝品牌文化建设过程中，一定要以中国传统文化为基础，如宫廷玩赏文化、黄金消费文化、玉器消费文化、收藏文化等。其实，我们的企业在中国传统文化的发掘方面做了大量工作，开发出很多绝世珍品（图2-8、图2-9），其中不乏奢侈品品牌的基因。传统文化可以说是我国高端珠宝品牌的生命之源，有些中国本土品牌为了迎合西方品位而放弃自己的文化传统和根源，最后的结果可能是邯郸学步，不仅无法被世界接受，即便在中国市场也无法获得认同。只有在优秀的中国传统文化基础之上，结合现代生活方式的新元素，并提供顶级的质量，才能在奢侈品品牌的建立过程中开创新的天地。

三、提升高端珠宝品牌的文化品位

改革开放以来，在中国诞生了一批先富阶层，他们是奢侈品消费的主力军，但他们对奢侈品的欣赏还远远没有上升到文化层面，那种"土豪式"的消费也大大降低了奢侈品的品位。的确，奢侈品的高价格决定了奢侈品的消费只是有钱人的专利。近年来，随着我国消费者消费能力的提升，许多国际奢侈品

第二章 高端珠宝品牌的建立

图 2-8 花丝工艺金镶玉饰品　　图 2-9 运用玉镶金工艺制作的和田玉茶具

品牌进入中国市场,它们纷纷开疆辟土,抢占市场份额,使得只有极少数人可以拥有的奢侈品成为了富人炫富的工具。佩戴奢侈品本来是显示身份和提升品位的,而如今仅仅成为富人的标签,不能充分展示奢侈品品牌的内涵。这就需要我们在为高端珠宝品牌注入品牌文化时,考虑如何淡化张扬、外露的特征,重视中国传统文化中的内敛、含蓄特质,将高端珠宝的消费视为品位的象征。

　　诚然,作为奢侈品品牌,必须制造令人望洋兴叹的感觉,让大多数人可望不可即是奢侈品品牌营销的使命。在市场消费定位上,奢侈品品牌就是为少数"富贵人"服务的。奢侈品消费者更不愿意使用一个人人都有的商品。因此,要维护目标顾客的优越感,就应当使大众与他们产生距离感。奢侈品品牌要不断地设置消费壁垒,拒大众消费者于千里之外。要使认识品牌的人与实际拥有品牌的人在数量上形成巨大反差,这正是奢侈品品牌的魅力所在。从社会学的角度上说,奢侈品是贵族阶层消费的商品,是身份地位的象征,是贵族形象的代表。如今虽然社会在民主化,但人们的"富贵观"并未改变,奢侈品品牌正好可以满足人们的这种本能需求。但这种距离感应该是通过文化品位带来的心理感受形成的,而不是通过炫耀被他人所认知的。卡地亚是1847年创立于法国的奢侈品珠宝品牌,曾被英王爱德华七世赞誉为"皇帝的珠宝商,珠宝商的皇帝",奠定了其皇室背景的文化品位。消费者喜欢卡地亚,不仅是追求其代表的品位、财富、高贵、坚贞和永恒,更是追求"皇帝的珠宝商,珠宝商的皇帝"那种身在上流社会的心理感觉。

中国深远的历史和文化背景十分适宜高端珠宝品牌的缔造，中国历代帝王将相拥有或使用过的奢侈品（图2-10、图2-11），它们精挑细选的材质、精雕细琢的工艺，少之又少的物品数量，无不为一个品牌提供了巨大的文化背景和故事空间。自古以来，中国人就形成了对黄金、和田玉、翡翠、珍珠等奇珍异宝的独特喜好，沉淀了厚重的文化，这种厚重的文化底蕴将给中国的高端珠宝品牌的发展提供异常丰富的品牌内涵。以中国经济的发展速度，相信在不久的将来，中国不仅是世界奢侈品主要的消费和制造地，也一定会产生出众多自有的高端珠宝品牌。

图2-10　金嵌宝石盖青玉桃式盒　　　　图2-11　金嵌珠宝圆花

第三节　选择高端珠宝品牌的创建地和商业模式

改革开放以来，中国经济持续高速增长，率先富裕的阶层与中产阶级快速壮大，中国奢侈品产业的年销售额逐年攀升，全球奢侈品品牌纷纷看好中国市场。从经济环境来看，中国已经成为全球奢侈品品牌的消费大国；从市场环境来看，经历了近30年的同质化的市场竞争，珠宝企业在生与死的边缘挣扎，一些企业开始思考变革，品牌特色和品牌定位开始形成，部分企业完全可能走上奢侈品珠宝的经营之路，不久的将来完全可能诞生具有奢侈品性质的高端珠宝品牌；从文化环境来看，中国有数千年的文化积淀，对奢侈品文化有深刻的认识；从技术环境来看，中国制造业经过几十年的粗犷发展，已深刻认识到低端制造业对发展中国经济的局限性，2017年，党的十八大《政府工作报告》

中明确提出，要大力弘扬工匠精神，厚植工匠文化，恪尽职业操守，崇尚精益求精，形成推崇工匠精神的良好社会氛围。所以，今天的中国社会，已经具备了创建奢侈品性质的高端珠宝品牌所需要的客观条件，接下来，企业就应该思考如何创建一个高端珠宝品牌了。

一、选择高端珠宝品牌的创建地

从奢侈品品牌的分布格局来看，最早完成工业革命的欧洲是奢侈品的发源地，而当代发展最快且拥有最强大经济实力的美国是占有奢侈品品牌最多的国家。由此可见，奢侈品的产生与社会经济、区域文化的背景是紧密相连的。

从消费者的购买心理来看，多种因素影响着消费者的高端珠宝购买行为。但在高端珠宝品牌创立之初，决策从哪里起步时，经济因素是首先要考虑的，即品牌创建地的消费者要有高端珠宝的购买能力。改革开放以后，中国经济发展很快，人们在基本生活需求得到满足以后，就有了购买奢侈品的欲望和能力，这从消费者层面为高端珠宝品牌的建立奠定了基础。但是，中国经济发展的另一个特点是不同地区经济发展的不平衡，消费水平差异非常大。长三角、珠三角、环渤海经济圈，这些地区的城市多数处于改革开放的前沿，如北京、上海、杭州、南京、广州、深圳等地，经济发展水平和居民消费水平明显高于其他城市，特别是这里的先富阶层，生活中无论使用什么产品，都必须是品牌商品，甚至部分人群将奢侈品作为生活必需品，这部分人群是高端珠宝的核心消费者。而中产阶级所积聚的庞大购买力也使之成为高端珠宝消费的另一主体。此外，高端珠宝的消费群体还可以向外延伸至多个阶层：一是以炫耀性消费为目的的"标榜阶层"，多是先富起来但对珠宝文化内涵缺乏足够认识的白领；二是超前消费的"梦想阶层"，他们以城市年轻消费群为主体；三是追求自我感觉价值同时又兼顾情感价值、收藏价值或保值价值的"实惠阶层"，多是追求高生活品位的富裕阶层；四是追求高端珠宝背后故事和时尚潮流的"文化阶层"，他们沉溺于珠宝文化或善于迎合流行趋势，钟情于特色的或流行的高端珠宝首饰。但无论如何，具备高端珠宝的消费能力是首要的，高端珠宝品牌的创立应该开始于经济发达的城市。

二、选择高端珠宝品牌运营的商业模式

奢侈品品牌不仅能够为品牌所有者带来丰厚的利润和良好的声誉，而且能

为消费者带来美好的生活和艺术享受。近年来，中国已经成为全球奢侈品消费增速最快、规模最大的国家之一，许多本土企业对奢侈品行业产生了极大的兴趣，甚至不惜投入巨资筹划向奢侈品领域进军。然而，目前本土企业尝试的效果并不理想。奢侈品行业具有高投入和高产出的特征，但高投入未必一定能够带来高产出，因为奢侈品早已不单纯是产品的概念，更重要的是品牌的概念。奢侈品品牌是指奢侈品的名称、术语、标记、符号，以及目标顾客、营销定位和营销组合等要素的结合，打造品牌的目的在于与竞争对手的产品相区别，并给顾客带来特有的附加价值和精神享受。奢侈品品牌的塑造是一个漫长的过程，因此，在高端珠宝品牌建立之初，除了要注重提炼奢侈品品牌基因外，还要注重选择奢侈品品牌运营的商业模式。

路易威登品牌的创始人16岁时只身来到巴黎，在马雷夏尔商行当学徒，学习行李打理和箱包制作。由于学过木匠，又刻苦努力，他很快成为商行的优秀箱包制作师，多次提供令皇室满意的服务。1854年他开设了属于自己的店铺，自然也有了延续的高端客户群。

法国著名的奢侈品品牌卡地亚的创始人路易·弗朗索瓦·卡地亚，父亲为火药桶制造商，母亲为纺织女工，由于家庭困难，路易上了几年小学后，放弃了家传的火药桶生意，去了阿道夫·皮尔卡的珠宝店当学徒，老板夸他"忠实、可靠、勤奋、坚强"。1847年路易成为这家学徒店的老板，他结交了当时正在创建世界上第一家百货商店乐蓬马歇（Le Bon Marché）的阿里斯蒂德·布西科及金银器商吉兹尔·勒莫瓦，二人为卡地亚带来了许多上流社会的顾客。

爱马仕创始人提埃里·爱马仕，父亲在德国经营一家小旅店，他从小在旅店负责看管旅客的马车和马具。1823年提埃里跟随家人逃难到法国，从事了一些与马有关的学徒工作。他当过车夫、饲养员、马具工等，1837年开设了自己的马具作坊，精致的产品逐渐得到上层社会的青睐。

考察欧洲奢侈品品牌的发迹史，我们可以发现一个规律：绝大多数奢侈品品牌起步于家庭作坊，小规模的生产和精细的手工艺打造的精致产品受到上层社会的青睐，再经过几代人的励精图治，将奢侈品建设为奢侈品品牌。家庭作坊式的生产保持了传统手工的精细，更重要的是，它还保证了生产的限量，导致奢侈品的稀缺。

按照产业经济学理论，一个行业的发展要分为3个阶段：离散竞争市场、同质化竞争市场和异质化竞争市场。中国珠宝行业自改革开放以来开始复兴，随着中国经济的高速发展，珠宝行业的成长速度异常迅猛，20世纪90年代即进入同质化竞争市场阶段，尤其是2003年以后，珠宝行业引入连锁经营的商业模式，企业的市场扩张使店铺数量急剧增加，而不同品牌之间缺少差异，产品是同质的。同质化的市场竞争使企业的利润空间被无限压缩，一些大的企业依靠规模优势尚能在微利中取得生存空间，而无名品牌只能在生与死的边缘挣扎，经营者们不得不思考企业的转型问题，差异化之路是企业转型的必然选择。只有差异化的设计、差异化的工艺、差异化的定位才能满足珠宝市场差异化的市场需求。2010年以来，一些珠宝消费能力较强的城市出现的会所（工作室）经营模式，正是这种以差异化经营满足市场出现的差异化需求的典范。他们抓住同质化市场不能满足个性化需求的特点，为消费者提供个性定制服务，在款式设计、首饰制作工艺或产品档次上为特定的目标客户群体定制特别的产品，满足消费者个性化的需求。随着客户的积累，以及在社会公众中的影响力和知名度的提升，这些提供高端定制服务的会所（工作室）极有可能产生高端珠宝品牌。

从欧洲奢侈品品牌的产生过程来看，奢侈品品牌的诞生需要经过以下3个阶段。

第一阶段，注入奢侈品品牌的初始基因阶段。品牌创造者建立的店铺、作坊均属于个人所有，他们会倾其心血从事经营。他们专门为高端客户服务，专门的设计定制形成了产品特色，限制了产品数量，精细的首饰制作工艺提供了质量保证，顶级的珠宝材料制造了产品的稀缺，这些都是高端珠宝品牌必需的元素。私有制的属性使得这些品牌初期的资产会因客户的积累而不断得以提升，经营中接触的名人或高端人士（相当于欧洲奢侈品品牌形成过程中为皇室贵族提供服务的背景）更可能为品牌的高端定位提供强有力的支持。所有这些要素为高端珠宝品牌的创立提供了保障。

第二阶段，奢侈品品牌的形成阶段。在社会经济持续发展的情况下，高端客户不断向品牌聚集，品牌经营者或继承人坚持一贯的经营风格，持续保持初始的品牌基因。对品牌进行系统的策划，建立高端珠宝的品牌形象，将店铺设立到富人出入的街区，与众多的奢侈品品牌平起平坐。凭借长期经营积累的声誉和财富，品牌经营者在掌管这些品牌时已经属于上流社会的成员，其倡导的生活方式足以引领潮流，吸引更多的上流人士和富裕阶层成为品牌的忠诚客户，以此为基础形成清晰的品牌定位和品牌文化。

第三阶段，奢侈品品牌的成长阶段。这一阶段品牌会发生重大变化，家族的色彩逐渐淡化，精英管理阶层、顶级设计师和金融投资公司进入并占有股份，经营规模不断扩张。为了扩大经营规模，实现更大的品牌价值，品牌价值主张逐步由利益定位转变为精神价值定位，拓展客户群体。这时的社会名流和精英阶层不仅是品牌服务的客户群体，也是高端珠宝品牌优质形象的证明。所以，这时的高端珠宝品牌除了要服务于社会名流和精英阶层外，还要向中产阶级拓展，吸引更多的中产阶层因向往高端人士的精致生活而成为高端珠宝品牌的消费者。同时，使高端珠宝品牌经营拓展至更宽的市场范围。

三、高端珠宝店铺选址

这里，我们将高端珠宝品牌的会所、工作室、形象店统称为高端珠宝品牌店铺。开设店铺的目的固然是为了销售商品，但更主要的是为了强化品牌宣传，提升品牌形象和品位。在店铺地址的选择上，欧洲奢侈品品牌的经验是值得借鉴的。

1847年，29岁的路易·弗朗索瓦·卡地亚（1819—1904）从师傅那里接手了位于巴黎蒙特吉尔街的珠宝店。他以自己名字的缩写字母L和C环绕成心形组成的一个菱形标志，注册了卡地亚公司。1853年卡地亚店铺迁址到奥尔良宫殿附近的小场街5号，这一时期的法国正处于拿破仑三世的统治之下。当时的巴黎，经过王位争夺的一番动荡后，又恢复了花都昔日的浮华气象，庆典和舞会是巴黎日常的社交活动，珠宝业日益繁荣，极大地推动了卡地亚公司的经营和发展。卡地亚幸运地得到了拿破仑三世年轻的堂妹玛蒂尔德公主的推荐，使卡地亚与皇室贵族和社会名流保持着紧密的交往，卡地亚的业务迅速地兴隆起来，在巴黎皇室及贵族中风靡一时。1859年，卡地亚又迁址到巴黎最时尚的中心地区意大利大道9号。路易·弗朗索瓦·卡地亚希望他的事业能在家族中代代相传，于是将手艺传授给长子阿尔弗雷德（1841—1925），让他以合伙人的身份共同经营公司，并于1874年最终将管理权交给他。之后，阿尔弗雷德也于1898年与他的儿子路易·约瑟夫·卡地亚以合伙人的方式延续卡地亚业务。1899年，卡地亚迈出重要的一步，将店铺迁至到巴黎的高级商品中心和平街13号，百年老店的装潢典雅而豪华，直到21世纪的今天，卡地亚都未曾迁址。

从卡地亚的店铺地址变迁过程可以看出，卡地亚在50余年的时间内业务拓展和品牌声誉的提升与其逐步占领商业旺地是有关系的。所以,高端珠宝品牌的店铺要借鉴这种成功的经验,如果经济实力允许,应该将店铺开在经济发达城市的最繁华、最高端的商业街区。因为在这里才能展示品牌的品位和形象,在这里才能接触到高端珠宝品牌的目标客户群体。

四、构建高端珠宝品牌运营管理团队

中国企业在品牌创建过程中,大多存在着严重的专业管理人才缺乏问题。一方面,企业领导者缺乏基本专业知识,目光短浅,浮躁功利,不能潜心去创立品牌;另一方面,业内严重缺乏专业的品牌管理人才,尤其是具有国际背景的品牌管理人才,导致品牌创立缺乏专业指导,品牌发展方向迷失,这样的品牌运营管理者会将品牌带入泥潭,是成就不了一个高端珠宝品牌的。

打造高端珠宝品牌是长远的战略问题,在品牌建立之初,必须组建一个强有力的品牌运营管理团队。从国外奢侈品品牌运营管理团队的构成来看,他们绝大多数是公司的合伙人。构建高端珠宝品牌运营管理团队的过程实际上也是寻找合伙人的过程。那么,高端珠宝品牌运营管理团队应该具备什么样的特质呢?第一,高端珠宝运营管理团队必须在品牌的发展方向上保持高度的共识。他们以战略的眼光审视品牌的建设、发展过程,在品牌运营管理的各个环节上从事管理工作,为实现共同的目标保持高度的协调,不追求近利、不放松质量,注重品牌文化建设,为品牌的长远发展打好坚实的基础。第二,高端珠宝运营管理团队成员在性格、知识结构、技术、资源等方面应该具有互补性。如一个人生性好动而另一个人文静内敛,一个人擅长珠宝鉴定而另一个人擅长首饰鉴赏,一个人以设计见长而另一个人以制作见长等。每个人掌控着不同的、有利于品牌建设和发展所需的资源,每个人对品牌运营有自己独到的思想等。第三,团队成员最好能为公司提供资金支持。运营一个高端珠宝品牌是需要强大资金的。种类繁多的名贵珠宝玉石原料需要大量的资金去购买,顶级的设计师、制作大师需要花高薪或给予股份才能加入,高端珠宝品牌金碧辉煌的经营环境也是用钱"砸"出来的。一句话,没有强大的资金支持,创建高端珠宝品牌只是一句空谈。合伙人要么以出资的多少在公司中占有股份,要么以独有的技术成为公司的中坚力量(尤其是企业的高级管理人员),如一个有一定知名度的设计师或手艺精良的首饰制作师,完全可以借助这些独特的技术在公司中占有相应的股份。第四,团队成员拥有强大的客户资源。每个人都应有自己的

相关群体，虽然每个相关群体在消费理念、购买倾向、信仰追求方面可能存在差异，但通过团队成员的人格魅力都可能将这些相关群体转换为公司的客户，为公司积累更多的品牌资产。第五，团队成员要有珠宝人独特的气质和背景。高端珠宝的消费者是一个特殊的小众群体，他们经济实力雄厚，生活条件优越，在交际圈接触的人士也是社会地位相似的群体，在经济收入、社会背景、外在气质等方面具有相似性，他们眼中的高端珠宝首饰应该是与他们的社会地位相一致的。从事高端珠宝经营的人应该懂得这些上层人士的生活方式，才能取得他们的信任，与他们交朋友，将其转换成客户。第六，团队成员必须有高端珠宝的营销管理经验。高端珠宝虽然也是商品，但它不是一般的日常消费品，甚至有别于时尚珠宝首饰。高端珠宝的消费群体是一个小众群体，不仅要从高端珠宝的功能性利益上满足他们装饰、鉴赏、收藏的心理需求，还要善于讲故事、懂鉴赏和制造稀缺，让他们从品位、艺术、文化等更高的层次去产生价值认同，这就要求团队成员必须具备高端珠宝的营销管理经验。

第四节 如何开始高端珠宝品牌的运营

中国经济的高速发展造就了一批富人，成就了中国的奢侈品市场，但中国尚缺乏自己的奢侈品品牌。我们没有奢侈品品牌建设的经验，但我们知道建立一个高端珠宝品牌决不是一蹴而就的事情，我们可以借鉴欧洲奢侈品品牌建设的经验，研究其奢侈品品牌建设的过程，结合时代背景和中华民族文化，建设适合中国消费市场和消费文化的高端珠宝品牌。

一、挖掘品牌历史，讲述品牌故事，创造品牌文化

如前所述，奢侈品品牌在其发展过程中沉淀了厚重的品牌文化，形成了恒久不变的品牌基因。高端珠宝品牌的创建也不是一蹴而就的，必须经过几十年甚至更长时间的持续不断的努力才能确立其在社会上的地位，所以，在高端珠宝品牌运营之初，必须抓住奢侈品品牌的高品质、纯手工、稀缺性、唯一性等文化独特性，挖掘品牌历史，讲述品牌故事，刻画品牌特质，借助产品特质承载品牌基因，让品牌基因成为品牌的恒久印记。由优秀的匠人、设计师创造稀缺的优质产品，服务于上流社会，积累上流社会人脉并赢得他们的尊敬，搭建走向上流社会的阶梯。这一阶段的品牌构成要素经历了从品牌"名称"到"名

称＋标志"的过程，以专门为上流人士定制的商品树立品牌形象，为目标顾客从富豪向精英人士再向中产阶层的延伸做形象上和舆论上的准备。

二、培养对品牌价值产生强烈认同的目标市场

有了强势的品牌文化并向品牌中注入奢侈品品牌基因之后，高端珠宝品牌仅仅是迈出了成功的第一步。它还必须有一个对其品牌价值高度认同的目标市场，才有生存的空间，因为仅靠品牌运营者带来的人气是远远不能维持企业正常运转的。因此，要进一步推广品牌，使消费者对品牌从"名称＋标志＋标识语（或口号）"的认同向品牌价值认同的转变，使更多的社会精英对品牌产生强烈的拥有欲望，甚至带动中产阶级追求上层精英人士的生活方式，成为高端珠宝品牌的消费者。正如同尚珠宝的品牌运营那样，最初通过品牌创始人的客户资源将品牌的服务对象锁定在各大银行顶级 VIP、国内顶级商学院等社会精英中。为了吸引更多的高端精英女性和各界名流名媛，品牌运营者通过组织珠宝鉴赏讲座、亲子课堂（即与深圳高端幼儿园合作，教小朋友从事首饰设计，引起家长的关注）、组织高端精英女性俱乐部和高端酒会，吸引更多的高端人士认同品牌和品牌价值。

三、拓展更大的市场、更多的客户群体

中国地域辽阔，不同地区消费者的消费心理和行为略有差异，但是，对于奢侈品市场来说，全世界人们对奢侈的追求都是一样的，即奢侈品区别于流行消费品最大特点在于它的全球性，正如世界上大多数人都喜欢名牌服装，喜欢奔驰车，喜欢钻石一样。人们对奢侈品的喜好并没有太大差异，在消费奢侈类产品的过程中，各国消费者的文化差异、生活习惯的差异表现得并不明显。因此，高端珠宝品牌一旦注入了奢侈品的品牌基因，且随着品牌影响力的不断扩大，必将深受社会各界精英人士、富人的喜欢。从品牌运作的实践来看，品牌需要知名度和市场占有率，高端珠宝品牌应该在小众群体中取得更高的知名度和市场占有率，这样，企业有必要将高端珠宝品牌店开到任何一个有消费潜力的城市去。还是以尚珠宝为例，它在深圳取得巨大的成功后，为了提升品牌知名度，品牌运营者到全国各大城市进行巡展，在每个城市都播下尚珠宝品牌的种子，同时，按照品牌发展战略规划，有条不紊地将品牌拓展至北京、上海、香港等城市。

四、注重设计,不断为高端珠宝品牌注入新的文化内涵

高端珠宝品牌不是一成不变的,要在保持品牌基因的基础上,吸收全球顶级设计人才,紧跟时尚,设计创新产品,不断为高端珠宝品牌注入新的文化内涵。从近年来奢侈品市场的发展趋势来看,新兴奢侈品已经逐渐取代传统奢侈品成为流行的风向标。新兴奢侈品更注重设计、更时尚、更贴近流行,也更符合消费者越来越年轻的事实。新兴奢侈品已经取得了较快的发展,中国高端珠宝品牌也必须走新兴奢侈品品牌的发展之路。比如近年增长较快的美国品牌蔻驰(Coach)的发展道路能够给我们一些启示,蔻驰定位于奢侈品的入门产品,设计上更注重时尚流行,并在销售渠道上进行创新,除在中高级百货商店、专卖店、品牌折扣店、网站销售,还提供邮寄和快递服务,成为新兴奢侈品的代表。高端珠宝品牌也应该在设计和营销思路上不断加以创新,使品牌的建设和发展不断增添新的活力。

第三章　高端珠宝品牌的定位

第一节　高端珠宝品牌定位内涵

一、品牌定位

品牌定位是在综合分析目标市场与竞争情况的前提下，建立一个符合原始产品的独特品牌形象，并对品牌的整体形象进行设计、传播，从而在目标消费者心中占据一个独具价值地位的过程或行动。着眼点是目标消费者的心理感受，途径是对品牌整体形象进行设计，实质是依据目标消费者的特征，设计产品属性并传播品牌价值，从而在目标顾客心中形成该品牌的独特位置。品牌定位是企业在市场定位和产品定位的基础上，对特定的品牌在文化取向及个性差异上的商业性决策，它是建立一个与目标市场有关的品牌形象的过程和结果。品牌定位是品牌经营的首要任务，是品牌建设的基础，是品牌经营成功的前提。

二、高端珠宝品牌定位和消费者需求

高端珠宝品牌必须将自己定位于满足消费者需求的立场上，最终借助传播让品牌在消费者心中获得一个有利的位置。要达到这一目的，首先必须考虑目标消费者的需要。借助于消费者行为调查，可以了解目标对象的生活形态或心理层面的情况。这一切，都是为了切中消费者需要的品牌利益点，思考的焦点要从产品属性转向消费者利益点。

消费者利益的定位是站在消费者的立场上来看的，它是指消费者期望从品牌中得到什么样的价值满足，所以用于定位的利益点选择除了产品利益外，还有心理和象征意义上的利益，这使得产品转化为品牌。因此可以说，定位与品牌化其实是一体两面，如果说品牌就是消费者认知，那么定位就是公司将品牌提供给消费者的过程。

消费者有多种类型，每一类都有不同的消费习惯和偏好。高端珠宝品牌定

位要从主客观条件和因素出发，寻找适合竞争目标要求的目标消费者。要根据特定的细分市场，满足特定消费者的需要，找准市场空隙，细化品牌定位。消费者的需求也是不断变化的，企业还可以根据时代的进步和新产品发展的趋势，引导目标消费者产生新的需求，形成新的品牌定位。

高端珠宝品牌定位一定要摸准顾客的心，这是品牌定位的重点。如何做到这一点呢？自然是必须带给消费者以实际的利益，满足他们某种切实的需要。但做到这一点并不意味着你的品牌就能受到青睐，因为市场上还有许许多多企业在生产同样的产品，也能给顾客带来同样的利益。现在的市场已经找不到可能独步天下的产品，所以高端珠宝品牌要脱颖而出，还必须尽力塑造差异，只有与众不同的特点才容易吸引人的注意力。所以说，高端珠宝品牌要想取得强有力的市场地位，它应该具有一个或几个特征，看上去好像是市场上"唯一"的。这种差异可以表现在许多方面，如质量、价格、技术、包装、售后服务等，甚至还可以是脱离产品本身的某种想像出来的概念。

因此，高端珠宝品牌要让消费者接受，完全不必把它塑造成全能形象，只要有一方面胜出就已具有优势。国外许多知名品牌往往也只靠某一方面的优势而成为名牌，例如，在汽车市场上，沃尔沃强调"安全与耐用"，菲亚特诉说"精力充沛"，奔驰宣称"高贵、王者、显赫、至尊"，绅宝则说"飞行科技"，宝马却津津乐道它的"驾驶乐趣"。这些品牌都拥有了自己的一方沃土，不断成长。因此，想要尽可能满足消费者的所有愿望是愚蠢的，每一个品牌必须挖掘消费者感兴趣的某一点，这样，一旦消费者产生这一方面的需求，就会立即想到它。

市场实践证明，任何一个品牌都不可能为全体顾客服务，细分市场并正确定位，是品牌赢得竞争的必然选择。只有品牌定位明确，个性鲜明，才会有明确的目标消费层。唯有明确的定位，消费者才会感到商品有特色，有别于同类产品，形成稳定的消费群体。而且，唯有定位明确的高端珠宝品牌，才会形成一定的品味，从而得到高端人士的认可。高端珠宝品牌要想在竞争中脱颖而出，唯一的选择就是差异化，让顾客得到情感和理性的双重满足，而品牌定位正是在战略上达到差异化最有效的手段之一。高端珠宝企业如不懂得定位，必将湮没在茫茫的市场中。

三、高端珠宝企业的目标市场策略

为了在市场中有效地执行品牌定位，高端珠宝企业需要解决目标市场的选择和如何实现市场定位的问题。定位不清或缺乏可行性会使高端珠宝品牌的经营陷入混乱，从而影响其市场表现。高端珠宝企业的目标市场策略分为3个步骤。第一步是市场细分，根据消费者的不同需求、特征和行为，将一个市场分为几个有明显区别的消费者群体，他们可能需要不同的产品和市场营销组合。第二步是选择目标市场，评价每个细分市场的吸引力，选择一个或多个最适合的细分市场来进入。第三步是市场定位，围绕目标市场的需求点，设计相应的产品和市场营销方案，使自身品牌处于有竞争力的地位，占据该细分市场中高端珠宝消费者的心智。

高端珠宝市场的主要目标消费人群有以下4类。

1. 财富新贵

当中国经济在制造业的领衔下迅速发展的时候，中国的第一代富豪，他们大多都是企业、公司的决策管理者或者是所有者，这类消费群体对高端珠宝的消费多表现为"炫耀性消费"，他们在积累财富的同时进行奢侈性消费，一方面是要显示自己的经济实力和社会地位；另一方面是要通过炫耀式消费来维系和创造个人生存与发展的关系网络。因此，这类消费者是在为高端珠宝品牌的符号特征买单，而这种符号特征常常通过高端珠宝品牌的 Logo 体现出来，即使他们也许不了解 Logo 背后所蕴含的品牌文化，但对于这种炫耀性消费，Logo 无疑是"炫耀"的符号，这种符号正是身份及地位的象征。

2. 时尚金领

所谓的"金领"人群，他们接受过良好的教育，担任公司、企业的高级管理骨干，是社会的实干精英，因而有丰厚的薪水，且大多在跨国企业工作，对国际流行趋势了解颇多，但他们不会对潮流盲目地追随，而更讲究质量、品牌和档次。在他们看来，高端珠宝的内涵并不是纯粹的身份象征，而是个人品味的体现，是个性的一种表达方式；高端珠宝品牌也不仅仅是一种符号，他们更看重的是品牌的历史、风格是否适合自己的气质，以及其精致的制作、考究的设计等。

3. 白领阶层

"白领"一般指那些月薪不低于3000元人民币的脑力劳动者，高端珠宝消费大大超过了他们的支付能力，因此"月光族""负资产一族"出现。从社会消费动机上看，中国白领阶层的高端珠宝消费更注重公众价值，主要动机为"炫耀动机"和"从众动机"。炫耀动机更多表现为人们彼此间建立身份表述、获取认同的一种途径；从众动机则表现在不想被某个社会群体所疏远，希望彼此认同，互相欣赏，从而获得一种安全感。目前，中国白领阶层越来越注重"个人消费动机"，即使用精致产品、自我享乐、自我赠礼，他们熟悉每个高端珠宝品牌背后的成长历程，了解每个品牌所蕴含的韵味，眼光精准而独到，往往能够在最短的时间内挑选出最适合自己气质的、性价比最高的珠宝。

4. 尚酷新族

指中国20岁左右的独生子女一代，从小到大，他们的生活中充斥着各种各样的高端产品，而许多人已经开始购买高端珠宝。他们也代表着一种市场机遇，这个群体在步入职场后，若能保持对生活的高品质追求，则未来将成为高端珠宝消费的主力军。这类消费群体有两个显著特征：明显的个人主义设计烙印和强烈的个性化情感需求。

第二节 高端珠宝品牌定位和消费者心智

一、消费者心智

市场营销的最终战场是大脑，所以市场营销之战不是产品之战，而是认知之战，消费者认知在很大程度上决定了营销的成败。所谓消费者认知，是指消费者不断地接触关于品牌的各种信息，结合自身的经验，逐渐形成了对某个事物或者品牌固定的看法。认知是影响心智的重要因素，它决定了消费者对品牌的购买行为。

消费者心智即消费者对品牌的所感所知。大量消费者所形成的心智会在市场形成品牌绩效，也就是有多少消费者，在何时购买，以及为品牌所支付的价格是多少，等等。心智资源就是某一事物在人们心智中经过长期积累而形成的优势认知。在消费者心目中永远有一个心智阶梯，这个心智阶梯就是人们潜意识的一种购物单。在消费者购买商品的时候，会按照头脑中的排序进行选择，能够进入这个阶梯的选择不会超过 7 个。高端珠宝品牌定位，就是让高端珠宝品牌在消费者的心智阶梯中占据最有利的位置，使品牌成为某个类别的代表品牌。这样，当消费者产生相关需求时，便会将定位品牌作为首选，也就是说，这个品牌占据了这个定位。

对于高端珠宝品牌，精确的品牌定位提高了消费者的选择倾向，降低了消费者购买时的感知风险。同时，由于珠宝产品的设计创意容易在市场上被人模仿，因此高端珠宝品牌定位是实现市场差异化、占领高端消费人群心智的重要手段。另外，珠宝消费作为一种享受型消费，消费者的购买体验非常重要，因此，除了产品和品牌因素之外，高端珠宝品牌提供的相关服务也是影响消费者心智的重要因素，珠宝销售人员往往与消费者间存在大量的直接接触，员工对自身企业品牌定位的理解和认同会直接影响到消费者对品牌定位的心智认知。在高端珠宝品牌定位中，品牌定位作为传递企业信息的工具，必须能够迅速植入消费者心智，激发或者激励消费者有所行动，因此，在高端珠宝领域，品牌定位对企业内部人员的影响也十分重要。

二、高端珠宝品牌定位植入消费者心智的关键因素

1. 创建新品类，抢先占领消费者的心智资源

在高端珠宝品牌建设当中，企业是先有品类，后有品牌，最后有品牌形象的。建立一个成功的品牌，必须从消费者的认知出发，寻找品类分化的机会，借助消费者心智运作的规律，抢先占据心智资源。消费者的行为特征是"以品类来思考，以品牌来表达"，例如消费者购买婚戒时，要先考虑是选择定制化的个性款婚戒，还是选择大众化的经典款婚戒，因此珠宝营销的竞争与其说是品牌之争，不如说是品类之争。在品类创建之后，应当采取竞争导向的营销策略，明确竞争对手的品类所属，并指明自己与竞争对手相比，有什么优势和不同，之后根据顾客潜在未被满足的需求不断完善新品类的内涵，增大与竞争对手品类的差异。新品类的创建无疑要改变两个方面：产品本身和消费者的使用行为。成功的品类，通常是产品本身变化显著，而使用行为变化不大，这样的品类才容易被消费者的心智接受。在高端珠宝领域，新品类的创建，改变的核

心是围绕消费者内心的某一潜在需求点，辅之以相契合的产品设计和品牌理念，其目的是为了给消费者带来更好的珠宝消费和使用体验。

2. 通过内部品牌化将高端珠宝品牌定位植入消费者的心智

高端珠宝品牌提供的珠宝产品不属于具有较强实用性的日用品，相反其价格昂贵，属于带来极致感官体验的奢侈品。因此，消费者在购买高端珠宝产品时，购买的不单单是一件物质的产品，更多的是其在购买和使用该产品时获得的心理体验和感官享受。同时，由于高端珠宝产品是价格极高、极具特性的奢侈品，消费者往往需要较多的时间进行对比、感受和决策，投入较多的精力和服务人员进行沟通和互动。只有当员工正确地理解了品牌定位，才有可能把高端珠宝企业的品牌理念传递给消费者，从而影响消费者对企业品牌的认知；如果员工头脑当中没有一致的品牌认识，没有清晰的品牌定位，就无法顺利地实现高端珠宝企业的品牌定位目标。

高端珠宝企业内部品牌化需要做 3 件事情：将品牌定位有效地传递给员工；使员工相信品牌定位及其价值；成功地把组织的每一项工作与品牌定位的传递联系起来。高端珠宝企业必须制定清晰聚焦的品牌定位，通过企业高层领导的参与、培训教育、企业文化的培育、激励等手段让企业全体员工理解自身的品牌定位，最后通过员工与消费者的互动将品牌定位植入消费者的心智。

三、基于消费者心智的高端珠宝品牌定位策略

1. 分析内、外部环境，了解竞争对手的消费者心智资源

高端珠宝品牌在进行定位的时候首先应该考虑的是自己在资源上有哪些优势，竞争对手有哪些劣势，消费者有哪些潜在未被满足的需求。然后在三者的交集上制定自身的品牌定位。因此，品牌定位是一个不断聚焦的过程。在这一阶段，企业需要仔细分析竞争对手的消费者心智资源是什么，消费者对其是怎样的心智认知，以便制定与众不同的品牌定位，实现品牌差异化。

2. 避开竞争对手在消费者心智中的强势而进行定位，寻求消费者心智空白点，创建新品类

首先，新创的品牌力量比较弱，若不避开竞争对手的强势，品牌很难生存

下去。其次，若是消费者心智中存在空白点，企业去占领这一心智资源就更为容易。高端珠宝消费的本质是购买品类而非品牌，消费者之所以购买了某一个高端珠宝品牌的产品，是因为该品牌代表了某个特定的品类中的顶级水平。在品牌创建之前，明确创建品牌的品类所属是关键。珠宝品牌创建于客户心智之中，珠宝品牌的意义在客户心智中即代表某个品类，进而成为客户消费某个珠宝品类的首选。在这种清晰的定位下，高端珠宝企业的品牌营销工作必须围绕品牌定位来展开，这样，消费者才能清晰判断该珠宝品牌所属的品类，然后在心智中为其分配一个位置并储存下来，纳入了心智记忆。

3. 进行多层次的品牌宣传，避免消费者的负面认知

高端珠宝企业在进行品牌宣传时，可以通过竞争导向的品类宣传，首先明确自身品类所属和竞争对手的品类所属，明确自己与竞争对手相比有哪些优势，从而激发消费者的行为。具体途径包括：①网站营销，注重网络的建设，陈列消费者需求的信息。随着高端珠宝消费人群年龄的递减，网络社交媒体逐渐成为影响高端珠宝品牌目标消费者的重要媒介。②媒体宣传，借助珠宝行业内知名杂志或者令人信赖的专业媒体机构来宣传自身的珠宝品类，确定本企业是该珠宝品类的领导者的形象，从而使其高端的品牌定位通过文化宣传的途径深入人心。③公关活动，举办和参加一些珠宝行业内针对高端消费者的相关活动，如针对高端顾客群体的私人酒会、时尚秀等。通过这些途径让目标消费者对珠宝企业的品牌定位逐渐从认知、了解到依赖，从而一步步地占领消费者的心智资源。

4. 高端珠宝企业需通过内部品牌化将品牌定位植入消费者的心智

如前所述，高端珠宝企业的品牌定位能否准确有效地传递给目标顾客，在很大程度上依赖于员工的态度和行为。高端珠宝企业应该对员工进行培训并与员工分享品牌定位背后的探索和策略，对支持品牌建设的员工给予回报和鼓励，最重要的是，让员工参与到品牌定位的工作中。员工理解了品牌定位的价值并且知道如何通过沟通来协助企业完成品牌定位目标时，企业才能将品牌定位的承诺体现在每一个员工的工作中。因此，高端珠宝企业通过训练、激励和教育上的努力，使组织内员工能够清楚了解品牌定位并达成一致，才是贯彻品牌定位的关键。品牌定位需要由一个与定位相关的内部流程来实现已确定的品

牌定位战略，这个流程包括采购符合消费者需求和喜好的硬件资源、细化服务流程、员工激励、提升服务敏捷性等。企业通过员工培训、培育企业文化、建立强有力的激励政策以及快捷的内部信息系统等，来保证其服务的敏捷性和专业度，在服务中兑现品牌承诺，让消费者在潜移默化中感受企业的品牌定位，将品牌定位成功植入消费者的心智。

第三节　高端珠宝品牌定位案例——卡地亚

一、卡地亚简介

卡地亚是一家法国钟表及珠宝制造商，现为瑞士历峰集团下属公司。

1847年，29岁的路易·弗朗索瓦·卡地亚接手了一家位于巴黎的珠宝店。随后，他以自己名字的缩写字母L和C环绕成心形组成一个菱形标志，注册了卡地亚公司，这意味着卡地亚品牌的正式诞生。

凭借出色的社交才能，路易·弗朗索瓦·卡地亚不断积累人脉，并幸运地认识了拿破仑三世的堂妹玛蒂尔德公主。在公主的引荐下，他频繁周旋于王室和上流社会，卡地亚的高端订单络绎不绝。

1874年，路易·弗朗索瓦·卡地亚正式将品牌管理权交给其子阿尔弗雷德，经过几代人的努力，由其孙子路易·约瑟夫·卡地亚、雅克·泰奥迪勒·卡地亚、皮埃尔·卡米耶·卡地亚将其发展成世界著名品牌。1904年，路易·约瑟夫·卡地亚曾为飞机师阿尔拔图·山度士·度门设计世界上首只戴在手腕的腕表——卡地亚山度士腕表，从此开创了卡地亚的腕表品牌。卡地亚腕表以精准复杂的时计杰作，成就其现代制表的先锋地位，其超越时代的设计与精湛的非凡工艺，书写着世界珠宝及腕表设计制作的历史，得到一代代皇室与名流的推崇，备受青睐。

卡地亚在欧洲宫廷声名鹊起后，英国威尔士亲王（1902年成为爱德华七世）褒奖卡地亚为"皇帝的珠宝商，珠宝商的皇帝"，并于1904年授予卡地亚作为英国宫廷供应商的一等英廷供货许可证。在中世纪，卡地亚的设计风格多以三兄弟环球旅行所发现的异国情调为特色。如今，卡地亚的设计，无论是高端珠宝或当代珠宝产品线，均融合了独特技术诀窍和多样化的艺术风格。

卡地亚发展至今，已成为世界珠宝、腕表及配饰领域的翘楚。卡地亚具有七大特征：绝对优秀的品质、高昂的价格、稀缺性、独特性、高级美感和多级情感、悠久的历史传统和传奇的品牌故事、非功能性。

二、卡地亚的品牌定位

卡地亚的品牌定位有以下 3 个鲜明的特点。

1. 品牌强调皇室血统，品牌定位具有极高的专一性、象征性

卡地亚从 1847 年面世至今，高级皇室定制一直是它的主打业务。在 19 世纪的欧洲，创始人卡地亚一直觉得珠宝非常尊贵，应该是皇室贵族才能拥有的东西，所以他最初就把珠宝价格门槛定得很高。也正因为有这些理念，卡地亚珠宝受到了全球皇室的青睐。例如：拿破仑家族成为卡地亚家的常客，19 世纪末的威尔士亲王先后在卡地亚订购了近 30 顶冠冕；后期雅克·泰奥迪勒·卡地亚先后游历俄国、印度和中国，获得了大量的皇室订单。

2. 做全球顶级的奢华珠宝腕表品牌，是经典和创新设计及优越工艺的代名词

卡地亚除了强调自身皇家珠宝商的身份之外，还非常强调自身产品设计上的创新性和技术工艺的先进性。卡地亚在珠宝行业一直以大胆推出新产品著称，从最初因首创铂金镶嵌式皇冠一举成名，成为英国女皇伊丽莎白最钟爱的珠宝品牌，到之后卡地亚设计总监珍妮·杜桑女士大胆引入动物元素，首创举世闻名的"猎豹"系列，象征着勇敢、智慧和高贵的女士，在上流贵族社会广受欢迎，再到之后的 LOVE 系列等众多经典创新性产品，卡地亚的设计总能让人印象深刻。在腕表领域，雅克·泰奥迪勒·卡地亚为了让飞行家朋友更方便地阅读时间，创造了"TANK"腕表系列，开创了珠宝腕表的先河。除此之外，卡地亚的制表工艺一直居于世界前列，其时间精度和准确性以及防水性等功能一直备受欧洲上流社会的推崇。

3. 奉行真爱文化，造就了一个个举世闻名的传奇故事

人们购买珠宝很大程度上是为了表达自身的情感，包括爱情、亲情和友情。例如，钻石通过戴比尔斯公司的市场营销成功地成为了永恒专一爱情的象征。卡地亚的珠宝文化也以真爱作为品牌定位，通过众多的品牌真爱故事作为

宣传途径，其中最著名的莫过于温莎公爵夫妇的爱情故事。温莎公爵爱美人不爱江山，为了迎娶心爱的女子宁愿放弃王位，成为英国历史上首个退位的君主，而他送给夫人的定情信物正是卡地亚定制的顶级奢华珠宝盒，内含"猎豹胸针""火烈鸟胸针"等多件卡地亚的经典之作，卡地亚也成为这段传奇爱情故事的见证者。

三、卡地亚的消费者类别

卡地亚的价格门槛决定了其大部分消费者是处在社会金字塔顶端的少数人。

（1）卡地亚品牌具有较高的社会识别度，能够显著地传递社会身份信息。因此，部分消费者的购买动机是身份性需要。例如：明星们为了博眼球或者是富商们为了显示身份地位而购买卡地亚产品。卡地亚旗下珠宝及腕表产品是价格远超正常大众品牌的高级奢侈品，其极高的价格门槛决定了卡地亚的大部分消费者处于社会的上层阶级，这些消费者同时也认为购买卡地亚是彰显自身身份，区分自身和其他阶级的方法。

（2）卡地亚是一个拥有悠久历史传承和极具个性魅力的珠宝品牌，有着非常鲜明的品牌文化。因此，卡地亚的部分追求者热爱该品牌的文化内涵，以精神消费为主，购买珠宝主要满足他们在社会交往中对外自我表达、自我展现的需要。

（3）卡地亚消费者中既有能够承受昂贵价格的现实需要消费者，也不乏很多暂时还不具备足够支付能力的一些潜在需求者，以及一部分为满足虚荣心偶尔购买卡地亚但长期而言不具备足够经济条件的消费者。

（4）卡地亚在上流贵族社会和影视明星中都具有极高的知名度，有少部分卡地亚的消费者虽然对卡地亚品牌并无了解，但是受明星喜好或者时尚风向的影响，追求新奇和时尚，喜欢紧跟时代潮流从而购买卡地亚。

四、卡地亚的品牌传播策略

一百多年来，卡地亚以非凡的创意和完美的工艺为人类创制出许多精美绝伦、无可比拟的旷世杰作。独特的设计和不断的创新是卡地亚百年不衰的灵魂，是品牌不断受到世人关注的原因，也是卡地亚品牌形象历久弥新的法宝。

奢侈品自诞生之日起，就注定了其营销方式与众不同。目前高端珠宝品牌的传播方式主要有两种，一种是传播品牌形象，以品牌号召力影响消费者，如卡地亚、蒂芙尼、通灵珠宝（Tesiro）等珠宝品牌。另一种是重点传播经典珠宝产品，依靠营造概念（尤其以"新款产品＋概念"）开拓市场，如周大福、谢瑞麟、周生生等。以顶级奢侈品面貌出现的卡地亚，其价值肯定不仅仅在于产品本身，更重要的是它所代表的文化内涵和品牌精神，这直接反映在卡地亚相对于其他珠宝品牌具有更多的传承、收藏特性。比利时珠宝品牌通灵中国区CEO沈东军曾坦言"在珠宝等奢侈品行业，抛开了品牌，什么都不是"。卡地亚拥有悠久的品牌历史、皇家血统（曾制作皇冠作加冕之用）、不断创新的品牌精神、独特的设计灵感、完美品质和精良的做工等诸多元素，可以为品牌传播提供强有力的支持。

在传播上，卡地亚善于运用多种手段占领消费者心智。例如为卡地亚统一视觉、树立符号，目的是为了突出传递品牌的内在理念，并形成独特的视觉风格，建立与众不同的形象。卡地亚主要从两个方面入手：一是颜色视觉，二是品牌符号。一个属于品牌的特别颜色，既能够体现品牌的精神内涵，又能够体现高档的形象，如卡地亚的经典酒红。时间长了，品牌所设定的颜色将成为人们对品牌的视觉记忆。另外，符号可以帮助品牌建立独特的形象，如卡地亚的猎豹、LOVE系列印记等。相比之下，国内珠宝品牌除了名字和Logo，几乎没有其他元素是统一的，名字和Logo也缺少现代、国际化的元素，缺少能够提升品牌档次的视觉呈现，更缺少强烈的识别性符号。卡地亚同时还赞助奢侈品巡展和高端论坛会议。巡展是高端珠宝品牌展示自身实力、树立品牌形象的最佳方法，同时也是一种有效的促销手段。在巡展时，往往能够同时完成大额销售，还可以树立品牌立体形象。同时，通过赞助信息能轻而易举地找到目标细分市场，也是最容易传播品牌声音的手段。卡地亚不仅经常赞助高端奢侈品展，而且每年都会在全球重要城市轮流举办"卡地亚艺术珍宝展"，展出卡地亚收藏的传世经典作品。所有这些营销传播活动都围绕"珠宝商的皇帝，皇帝的珠宝商"的主题诉求来进行，极力彰显卡地亚尊贵的皇室血统，然后再结合当地情况，围绕着不同平台进行品牌的运作推广。

五、卡地亚的中国市场定位

在奢侈品领域，企业竞争的并不是经营规模，也不是成本效率，而是这个品牌是否能够成为社会阶层的典型标志。如果你达到了相当的社会地位，你会开什么车？戴什么表？穿什么西装？用什么笔？用什么样的公文包？大多数人会回答说：开奔驰车，戴劳力士表，穿杰尼亚西装，用万宝龙笔写字，背路易威登包。经过多年的耕耘，这些品牌已经成为特定社会阶层的符号，它们成功地让绝大多数人对其产生了渴望。卡地亚也是这样，在其昂贵的价格背后，承担了一个重要的使命：成为能够承担拥有奢侈品牌这一昂贵代价的人群的特定符号。这个人群通过它与外界进行交流，以之标明自己的人群属性，与其他人群相区分，并获得各种人群的认同。

目前中国珠宝市场主要由欧美品牌、香港品牌、本土品牌三大阵营构成。以卡地亚、蒂芙尼、宝格丽为代表的欧美珠宝品牌实力雄厚，有着强大的品牌、资金及管理优势；以周大福、周生生、谢瑞麟为代表的香港品牌，凭借其倡导的消费文化及在渠道建设方面的优势，在中国珠宝市场叱咤风云；而莱百、七彩云南、越王等本土珠宝品牌则凭借市场细分和地域优势不断前行。这构成了中国珠宝品牌江湖之争的缩略图谱。

其中卡地亚是最早进入中国的高端珠宝品牌，它在占据一线城市之后，也非常注重二线以及三线市场的开发和培养，在渠道建设、品牌管理等方面投入了大量的人力、物力和财力，从而成功成为了中国最具影响力的国际珠宝品牌。

怀揣着皇室血统的品牌基因，卡地亚以其奢华有道的设计理念和永不停息的创新意识，依靠精准的主题诉求，凭借扎实有效的渠道运作，成功地扎根于中国市场。卡地亚是在中国运作最为成功的国际顶级珠宝品牌，连续5年蝉联胡润"中国富豪品牌倾向调查"珠宝类冠军。来自奢侈之都巴黎的卡地亚，自173年前诞生之日起，一直备受各国皇室贵族和社会名流的推崇。

第四章 高端珠宝品牌的品牌识别与店铺设计

第一节 品牌识别的概念和内涵

品牌识别作为品牌构建的根本,可以促进企业实践品牌价值及战略目标,同时也为品牌战略的决策提供依据,是品牌建立差异化的重要手段,是品牌资产的重要组成部分。品牌识别的概念自诞生至今已经有100年的历史,法国学者让·诺尔·卡菲勒、美国学者大卫·艾克等皆对品牌识别有着系统的研究。让·诺尔·卡菲勒认为品牌识别意味着品牌有着自己的品格,有自己独特而不同的抱负和志向。大卫·艾克认为品牌识别是品牌管理者希望创造和保持的、能够引起人们对品牌美好印象的联想物。综合观之,品牌识别是指从产品、企业、人、符号等层面定义出能打动消费者并区别于竞争者的品牌联想,与品牌核心价值共同构成丰满的品牌联想。

高端珠宝品牌作为奢侈品品牌,具有独特的品牌特征。我们对高端珠宝品牌识别做了如下定义:高端珠宝品牌识别是指高端珠宝企业在对自身珠宝产品的营销传播活动中,通过细分市场、界定目标顾客群和关注顾客独特的心理需求,从而体现其品牌核心价值,并与其他珠宝品牌形成比较优势的品牌策略。

第二节 高端珠宝品牌识别系统的建立

改革开放以来,我国经济快速发展,互联网技术的迭代升级使信息的传播和共享更加便捷,大部分行业内各企业间产品的质量、技术和服务无法再保持绝对的差距。当各企业均已实现其公众认知和认同的目标时,它们之间很难再维持各自的品牌优势。虽然行业中龙头企业凭借在公众中建立的第一印象勉强保持品牌优势,但是其他企业很难再依靠导入企业识别系统(CIS)改善经营,企业形象同质化现象非常普遍。

建立顾客忠诚一直是许多珠宝企业十分重要的战略目标,为维持长久可靠的企业—消费者忠诚关系,仅仅依靠企业识别战略以建立消费者对珠宝企业形象的认知和认同是远远不够的,想要建立绝对的品牌竞争优势,以巩固顾客和珠宝品牌之间的关系,必须引入高端珠宝品牌识别系统。

关于品牌识别系统的建立,国内外学者提出了各自的研究观点。美国学者大卫·艾克在《创建强势品牌》中提出,品牌识别的结构包括核心识别和延伸识别2个部分,具体内容由4个方面、12个因素组成(图4-1)。品牌识别的4个方面是:作为产品的品牌、作为组织的品牌、作为个体的品牌、作为符号的品牌。大卫·艾克认为,并非每个产品识别系统都必须涉及这4个方面,要根据产品的种类和特点以及消费者更加关注和容易识别的内容进行品牌识别系统的构建。在实际的商业活动中,品牌识别系统有时候只需要具备一两个方面就能使消费者很好地识别出来。

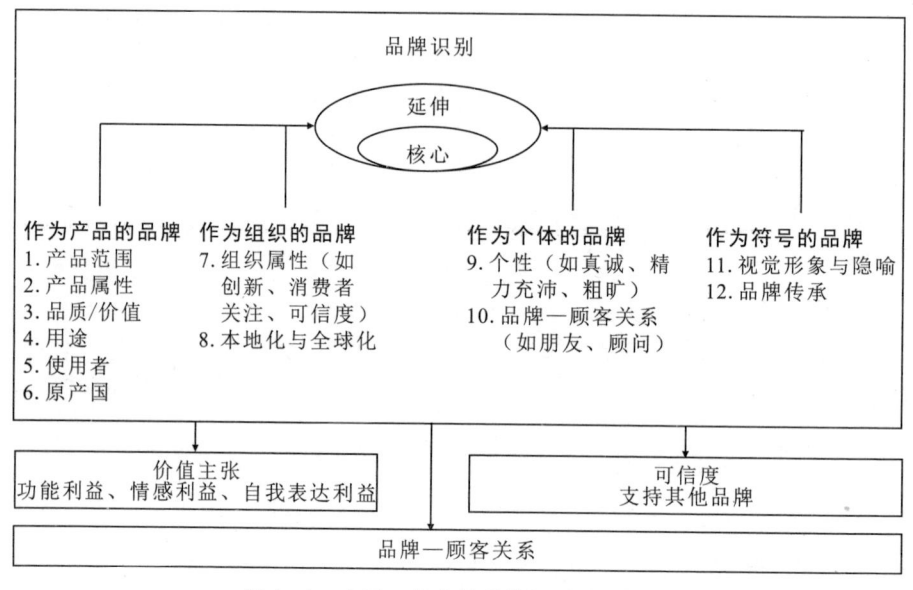

图4-1 大卫·艾克的品牌识别系统框架

法国学者让·诺尔·卡菲勒1992年在《战略性品牌管理》中提出品牌识别的六棱柱模型。该模型将品牌识别划分为体格、个性、文化、关系、映像、自我形象6个度量标准。卡菲勒还提出了品牌金字塔。品牌金字塔将品牌构成分为3个层面,分别是品牌体现、品牌风格、品牌核心(图4-2)。

针对高端珠宝品牌,其识别系统不仅要关注珠宝产品本身,还需考虑企

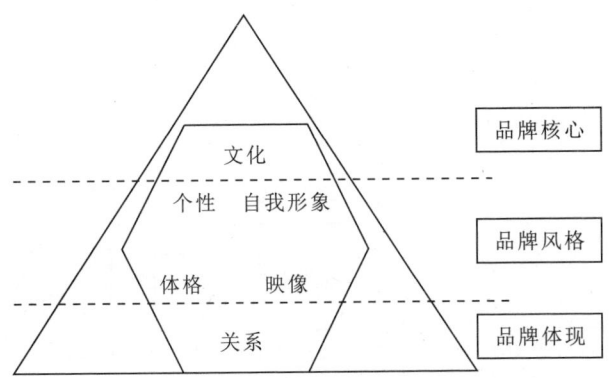

图 4-2 品牌识别六棱柱模型与品牌金字塔

业、品牌、文化、消费者等因素。高端珠宝品牌识别系统应包含五方面内容，它们分别是：品牌精髓识别、品牌核心识别、品牌延伸识别、价值主题以及品牌与顾客的关系。前 3 个内容从企业角度建立珠宝品牌识别系统，分别对应品牌核心价值、企业文化价值观以及品牌符号表现。而后 2 个内容则从顾客角度来建立珠宝品牌识别系统，要将珠宝品牌识别与营销传播活动密切联系起来，将消费者的心理和体验结合起来，从而加强与消费者的联系。

从顾客认知出发，借鉴企业识别系统（CIS）的概念，本书将高端珠宝品牌识别系统定义为：以顾客价值为基础，高端珠宝企业经过统一的品牌识别设计，运用整体传达沟通系统，将珠宝品牌的历史、文化和产品信息传达给消费者，以凸显品牌的个性和精神，与顾客和公众建立双向沟通的关系，从而使他们产生认同感和共同价值观的一种战略性的活动和职能。

第三节 不同层面的品牌识别系统

品牌识别系统（BIS）设计最重要的基础是所有涉及方面要统一至识别要素，由识别要素建立起高端珠宝品牌（企业）与消费者之间的联系。基于识别要素的重要性，我们将高端珠宝品牌识别系统（图 4-3）的构成要素分为 2 个层级——基本要素层和集成要素层。

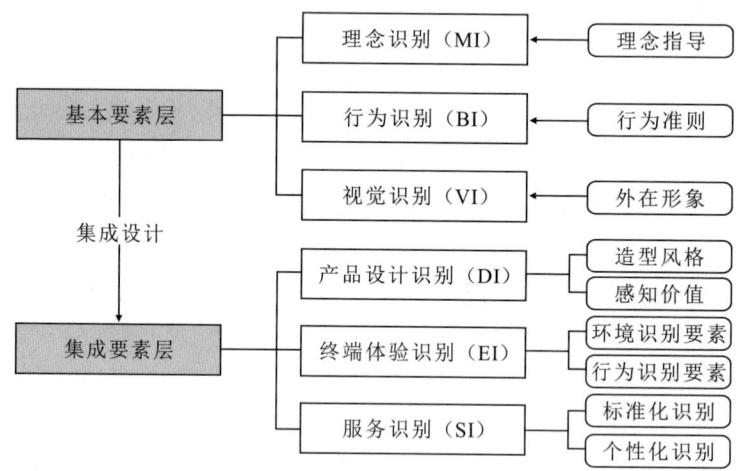

图 4-3 高端珠宝品牌识别系统

一、基本要素层

基本要素层包括 3 个要素，分别为：理念识别（Mind Identity，简称 MI）、行为识别（Behavior Identity，简称 BI）、视觉识别（Vision Identity，简称 VI），它们是一切珠宝品牌经营活动的基础，是协调消费者需求、实现品牌经营理想的基本要素。

理念识别是品牌的核心，是品牌当前和未来一定时期内的经营目标、经营理念、经营方式和营销状态的总体规划和界定，它是高端珠宝品牌识别系统的精神核心，是识别系统建立的理念指导。理念识别主要体现为品牌精神、品牌价值观、品牌文化、经营战略、品牌定位、产品结构、组织形式、社会责任等，将影响品牌各种内、外部活动的开展与实施，并对品牌形象的识别具有深远意义。

行为识别是珠宝品牌经营应该遵循的行为准则，是对珠宝品牌经营行为所作的统一规划，它是品牌个性的直接体现。行为识别主要体现在对内的制度管理和员工教育以及对外的市场调整、营销活动、公共关系、公益活动等。行为识别能够通过一系列的实践行为将珠宝品牌理念推广到消费者中去。

视觉识别是从视觉角度构建的珠宝品牌的外在形象，以加深顾客对品牌的识别。它主要通过高端珠宝品牌的标志、符号、代表色、产品、员工形象、店铺形象等设计来体现。视觉识别设计将品牌理念、品牌文化等抽象概念通过具体的视觉符号来进行表达，具有强大的传播力和感染力，容易被消费者识别和接受，因此在高端珠宝品牌识别系统中具有十分重要的意义。

二、集成要素层

集成要素层是高端珠宝品牌识别系统的应用要素层，集成要素是基本要素根据顾客对于品牌的认知核心集成而形成的。具体来说，集成要素就是围绕顾客在进行高端珠宝品牌体验时关注的内容，将相关的基本要素通过不同的平台进行搭建，从而设计形成一个能使顾客直接感知品牌的相对独立的系统，以使顾客对珠宝品牌产生良好的认知。

顾客对珠宝品牌的认知主要是通过感官系统对企业创造的各种品牌经营环境进行感知后形成的，企业营造的环境包括：视觉环境、空间环境、嗅觉环境、听觉环境等，顾客在感知后会形成嗅觉感受、味觉感受、行为感受和心理感受，通过感官、情感、思考、行为和关联的全过程完成对品牌的体验。广告、视频等其他传播方式对顾客的感受也会产生影响，但顾客与产品、消费环境及服务环境直接接触的全过程是最关键的体验，对这些体验的判断会直接影响消费者对于珠宝品牌的价值识别。因此，本书将集成要素层概括为产品设计识别（Design Identity，简称 DI）、终端体验识别（Experience Identity，简称 EI）和服务识别（Service Identity，简称 SI）3 个要素。

1. 产品设计识别

产品设计识别，是从产品的层面对珠宝品牌进行经营，通过对目标人群的性格、喜好的准确把握以及根据品牌独特的精神理念，从"产品群"角度对品牌所经营的不同类别、档次的珠宝产品进行详尽细致的规划设计，旨在使珠宝产品风格统一、特色鲜明、易于识别，从而使品牌的独特精神内涵和价值被顾客感知和认可。产品设计识别的要素包括造型风格和感知价值，它们的设计要以实现目标人群的预期价值为目标。

珠宝产品设计识别需要进行动态调整和管理，社会在进步，目标消费者的喜好、期望价值也处于动态变化中，所以产品设计不能处于一成不变状态，必须与时俱进，但珠宝产品的设计仍需要有统一独特的设计理念。产品设计识别动态管理要坚持继承性和预测性的原则，既要延续现有形象中的独特设计理念，又要细致研究未来目标消费群体的预期价值，从而对产品形象进行创新。

在设计创新方面，具有代表性的高端珠宝品牌有卡地亚。卡地亚以其传统的手工打造、精细的制作工艺、专业的技术风格和独特的设计理念传递着品牌的高贵价值，尤其是以美洲豹为题材设计的一系列首饰（图4-4）更是卡地亚设计师们发掘创作灵感的经典之作，其设计的豹形胸针在受到温莎公爵夫人的万分青睐后名声大噪，卡地亚也以此作为基本元素，创作了多款豹形胸针、项链、吊坠、戒指、手镯、耳环等，成为卡地亚品牌的标志性作品，体现了卡地亚帝王之气的设计风格。

图4-4　卡地亚豹形系列首饰

2. 终端体验识别

终端体验识别，以消费者体验价值为核心，针对消费者的视觉、行为等感知因素，通过对珠宝销售终端环境的设计和控制，使顾客对品牌的文化、品牌形象、经营理念等方面产生深刻认知。销售终端的珠宝产品、服务人员、环境、促销、广告都是影响消费者体验的因素。终端体验识别是珠宝品牌识别系统的3个基本要素在终端的集中体现和应用，它以实现预期的消费者体验价值为目标。终端体验识别的设计要素包括环境识别和行为识别2个方面。

环境识别是珠宝品牌的理念、视觉感知在销售终端环境中的具体体现和应用，其设计目的是为了宣传品牌独特的观念和形象。销售终端环境在众多的顾客感知点中扮演了重要的角色。终端环境通常是顾客实现对品牌感知的初始端点,它会为顾客对品牌的识别建立一个感情的基调,它既可以作为与顾客交流的平台,直接体现品牌形象和客户关怀,又能将其影响渗透到与客户的交互过程中,影响客户的体验,所以,高端珠宝企业必须重视提供产品和服务的环境的布置。

行为识别是指对珠宝终端销售中管理、销售、服务人员行为上的约束,使其行为方式符合品牌的定位、理念及形象,其目的是增加客户购买珠宝产品时的幸福感,使其感受到品牌的亲和力、可信赖性以及品牌的文化。员工是品牌形象的代言人,是顾客接触的最前沿,员工的举动体现的是企业对客户的态度,珠宝企业的亲和力与对客户关心的传递需要通过终端员工来完成。

蒂芙尼是世界知名珠宝奢侈品牌之一,自1837年成立以来,一直将设计富有惊世之美的原创作品视为宗旨。蒂芙尼专卖店设计亦坚持品牌一贯的"经典设计"理念,舍弃繁琐和矫揉造作的设计,追求简洁的风格,将蒂芙尼蓝作为设计的主要元素,加上独具一格的橱窗展示设计,在低调中凸显奢华,令顾客心旷神怡,完美地将品牌理念呈现在顾客面前。为了吸引年轻消费者,2018年7月,蒂芙尼在伦敦开设了第一家新零售概念店Style Studio,甩掉了奢侈品珠宝高冷、神秘的形象包袱,让员工穿上休闲的服饰,佩戴随意的首饰配饰,并向顾客提供经典产品的体验试戴服务,同时也鼓励顾客在Make It Tiffany吧台上定制自己心目中的珠宝首饰,旨在通过独特的店内环境、创新的互动模式来吸引年轻消费者。

3. 服务识别

服务识别以消费者体验价值为核心,目前珠宝行业中产品同质化现象十分普遍,在这种大环境下,很难通过产品差异化产生品牌优势,所以这就需要通过规范一致的言行、服务标准等不同要素的管理,给顾客提供全面、系统、独特、优质的服务,从而形成鲜明的品牌识别特征。服务识别包括标准化识别和个性化识别2个方面。

标准化识别是指在珠宝企业统一的理念指导下,服务管理者通过规范化的管理制度、统一的服务标准、服务工作岗位设计和服务提供者培训,向珠宝产品的消费者提供统一的、可追溯和可检验的标准化服务,这是对消费对象全覆盖的、最基础的服务识别。个性化识别则根据珠宝消费者的设定来实现,依据各种信息渠道对消费者信息资源进行收集、整理和分类,针对消费者个人情况,向消费者提供个性化服务,以满足消费者的个人需求。个性化服务既能减少各中间环节及其支持费用,又能强化珠宝企业与消费者之间的沟通,增强消费者对品牌的认知和认同。

潘多拉珠宝(Pandora),是全球最大的金银珠宝制造商,凭借近年来的快速发展,已成为全球销量第三的珠宝品牌。该品牌致力于帮助女性通过"设计"自己的珠宝,表达自己的个性。推出的手链采用优质纯银和14k金为材料,可与700多种金、银吊饰搭配、互换,可选吊饰包括种类繁多的宝石、珍珠、珐琅和穆拉诺琉璃制品。因此,无论选择的是简单的心形、绚丽的宝石、首字母缩写、泰迪熊还是其他标志,总能获得个性鲜明的搭配效果。这种根据顾客自己的意愿而设计符合其气质的个性化服务无疑给潘多拉带来了明显的品牌优势,是其成功的最大原因之一。

第四节 高端珠宝品牌店铺选址

高端珠宝品牌在进入某个城市之前,会有详细的市场调研。一是对城市以及所处商圈的考察,涵盖人口、五星级酒店数量、跨国企业数量、已有品牌现状等多方面详细统计;二是对潜在合作商业项目开发商的实力作评估,包括以往开发经营的商业项目、商业团队的水平和视野以及商业项目未来发展前景的考察。市场调研数据是前提基础,但符合要求并不代表就达标,还需要考量项目与品牌是否在气质审美上相契合。

高端珠宝品牌需要营造出高级、尊贵和典雅的气氛,店铺选址要符合高档珠宝品牌的形象。作为承载人们日常所需的食品、饮料、家用物品等购买需求的便利店和超市,考虑到人们生活的便利和及时性,其选址大多在居民区附近的人群密集地带。而高端珠宝属于非必需品,并不是人们日常需要的物品,因此,高端珠宝品牌的店铺一般情况下不会与便利店、超市等的选址标准相同,而是综合考虑城市各处的基础设施发展状况、消费水平和文化差异而进行选择。以下便是高端珠宝品牌所需要遵循的选址原则。

1. 要有舒适的购物环境

高端珠宝的消费是极具目的性的高端消费,目标客户群体明确且较为稳定，主要集中在具有较高收入水平且对高端珠宝品牌有一定认知的人群。虽然这类人群所占消费人数比例较低，但是他们的消费却为高端珠宝品牌贡献了绝大部分收入。这类群体对购物环境有着较高的要求，要有舒适、私密且个性化的服务。因此，舒适、私密的购物环境会营造出典雅、高级的气质，符合品牌主要消费人群的审美风格。

2. 要同其他高端珠宝品牌或奢侈品品牌聚集

对于高端珠宝品牌而言，"门当户对"是店铺选址要考虑的重要原则。周边店铺的档次会左右高端珠宝品牌的入驻。与众多奢侈品店铺或高端珠宝品牌店铺开在一起，虽然竞争激烈，但由于同行聚居，顾客可以有更多的机会进行比较和选择，因而很能招揽顾客，增加销售额。此外，众多高档品牌聚集在一处，会极大提高这些品牌在消费者心目中的形象，提高品牌知名度。

3. 附近交通便利，设施完善

高端珠宝品牌店铺通常开设在交通便利的区域。交通便利，往往意味着处于城市中心区域，基础设施完善，居民的消费能力较高以及有着较高的文化品味，并能吸引较大的人流量，形成大规模的消费购买需求。

4. 要处于商业活动频繁的闹市区

商业活动频繁的闹市区有着成熟的商业街和众多的公共场所，一般情况下会有大量的人流量，附近居民有着较强的消费欲望和购买能力，因此高端珠宝品牌店铺选址在闹市区，会增加品牌的知名度，并有稳定的营业额作为支撑。

5. 入驻商场需具有丰富的奢侈品品牌运营经验

高端珠宝品牌的店铺选址同大多奢侈品品牌一样，一般选在大型商场项目。因此，新店铺的选择对商场的经营和物业管理水平要求很高。商场管理者要具备较高的奢侈品品牌运营水平以及丰富的管理经验，才能与各高端品牌有较好的沟通并为其服务。

高端珠宝品牌店铺选址需遵循以上原则，并结合自身品牌形象及定位来进行。众多奢侈品品牌历经数十年经营，对店铺选址有着自身的考虑，但大多遵循着以上选址原则。如意大利奢侈品品牌古琦，来华经营二十余年，开设了众多的店铺,其选址标准有 5 条,分别是附近商业活动频繁、同行聚居、公共基础设施多、面对客流量最大和能见度高的街道、交通便利。以上海为例,其南京西路的恒隆广场,位于上海最为繁华的地段,交通便利,人流量极大,集中了一批世界知名品牌的旗舰店,包括爱马仕、路易威登、卡地亚、香奈儿、迪奥等。

第五节 高端珠宝品牌店铺形象布局

高端珠宝的品牌店铺是该品牌与消费人群进行直接接触、交流的平台,是品牌进行营销的主要场所,店铺形象在商品销售中起着重要作用。和谐舒适的店铺形象能给消费者带来良好印象,人们在轻松舒适的环境中更容易达成购买意向,促进销售。统一店铺整体风格,提升店铺整体形象,就可以提高店铺集客力,使顾客无论是否得到有形产品,均能感受到无形的服务。品牌店铺终端形象设计与展示的成功与否,不仅影响到一个品牌的现实利益,而且也关系到品牌的发展和延伸。品牌店铺在设计与装潢上,不仅要体现品牌的特色,还要在不同程度上表达品牌的风格、理念。

1. 外墙及门头的设计规划

一个门店最先让消费者或潜在消费者注意到的便是其外部设置以及门头。店铺的外部装饰不仅起到美观的作用,更重要的是能够宣传品牌,增加品牌知名度。因此,店铺的外部设置要能够清晰地表现品牌的名称和标志,准确表达品牌的文化理念,达到醒目、简洁、优雅、大气的效果。同类的品牌一般相邻开设店铺,因此店铺外部的设置还要有效区别于其他竞争品牌店铺,体现出本品牌的独特性。例如,成立于 2004 年的麒麟珠宝(Qeelin),发源地为中国香港,以传统东方元素为灵感,将设计延续到现代生活中,巧妙糅合中西方文化,并于 2013 年被法国开云集团收购,成为开云集团旗下唯一以中国文化为设计基础的奢侈品品牌。该品牌根植于中国文化,其统一的店铺设计也充满了中国元素,装修风格有佛教"禅"的感觉,店内最具标志性的装饰是从天花板上垂挂而下的葫芦造型水晶吊灯,同时延续品牌经典的标志——黑色大理石与麒麟红交相辉映,组成品牌的代表色,木质墙面融汇其中,打造出温馨而宜人的购物环境。在上海的麒麟专门店还设立了品牌的首间贵宾室,让麒麟的尊贵客户能够在舒适优雅的环境中随意欣赏品牌的各个系列。店内装饰的每一个细节都凸显着强烈的现代风格,却始终不忘融入中国传统文化元素,独具匠心的设计符合品牌整体形象,体现了麒麟努力追求传统与现代交相辉映的设计理念(图4-5)。

图4-5 麒麟珠宝品牌门店

2. 橱窗展示

橱窗是商店临街的玻璃窗,用来展示样品。橱窗是展示品牌形象的窗口,也是传递新货上市以及推广主题的重要渠道。好的橱窗设计能够起到先声夺人的效果,令路人、过客眼前一亮(图4-6),驻足欣赏以至于吸引顾客至店内

图4-6 左图为宝格丽某门店橱窗设置;右图为卡地亚某门店橱窗设置

参观，进而促成消费。橱窗的设计，首先要突出品牌的特色和商品的特性，同时又能使橱窗布置和商品介绍符合消费者及潜在消费者的一般心理行为，即让消费者看后有美感、舒适感，对商品产生好感。

3. 灯光

店内照明在店铺设置中是非常重要的一个方面。适宜的灯光照耀到店铺，不仅可以提高珠宝商品的展示效果，还可以给消费者营造出轻松愉悦的气氛（图4-7）。要想最大程度地发挥灯光的作用，就必须考虑到珠宝产品的陈列方式和店铺装潢设计的风格，不单纯追求灯的排列整齐和造型独特，而更注重展示珠宝的美丽、烘托和营造轻松愉悦的气氛。

图4-7 上图为梵克雅宝某店铺灯光设置；下图为御木本某店铺灯光设置

4. 室内环境的布置

珠宝的展示和销售主要在店铺的室内发生。消费者及潜在消费者被独特的品牌外部设计以及橱窗展示吸引而来,舒适的灯光映衬出珠宝的美丽,烘托出轻松愉悦的氛围,若室内环境设置合理,会增加消费者对品牌的好感,进而促成销售。室内环境的布置要做到简洁有序,将产品陈列区、收银台、消费者休息区、员工休息区、货品陈放区等功能区合理设置,与品牌形象相符(图4-8)。此外,室内环境的布置还要做到符合商场的装修要求,所用到的装修材料要与商场相匹配。另外一个重要的设置是要备有充足可用的消防品,以应对突发的紧急事件。

图4-8 宝格丽某店铺的室内布置

第五章 高端珠宝品牌的产品策略

第一节 高端珠宝品牌产品定位

产品定位即企业决定把产品当作什么东西来生产和销售。企业根据自身条件、同行业竞争对手的产品状况、消费者对某种产品或产品的某种属性的重视程度,为自己的产品规划一定的市场地位,创造、培养一定的特色,树立一定的市场形象,以满足消费者的某种需要。

高端珠宝品牌产品定位是将目标市场选择与企业产品结合的过程,也是将市场定位企业化、产品化的过程。高端珠宝品牌的载体是产品,任何伟大的品牌都是通过伟大的产品实现的,所以高端珠宝品牌的产品定位一定要结合产品独特的利益点。

一般而言,产品定位包括以下 5 个方面:目标市场定位、产品需求定位、产品测试定位、产品差异化价值点定位、营销组合定位。

一、目标市场定位

目标市场定位是一个市场细分与目标市场选择的过程,即明白具体为谁服务。在市场分化的今天,任何一家高端珠宝企业和任何一种高端珠宝产品都不可能让所有人满意,高端珠宝品牌的目标顾客是高净值人群,他们同样对珠宝产品有不同的需求。高端珠宝品牌需要对市场进行细分评估,最终确定所选择的目标市场。目标市场定位策略又分为三类:无视差异,对整个市场仅提供一种产品;重视差异,为每一个细分的子市场提供不同的产品;仅选择一个细分后的子市场,提供相应的产品。

二、产品需求定位

产品需求定位是了解消费者需求的过程,即满足谁的什么需要。产品定位过程还需要对选定的目标市场的需求进行确定,不是根据产品的类别进行,也不是根据消费者的表面特性来进行,而是根据顾客的需求价值来确定。顾客在购买高端珠宝产品时,总是为了获取某种产品的价值,例如:社会表达、情感诉求、投资保值、彰显身份等。产品价值是由产品本身实现的,不同的顾客对产品有着不同的价值诉求,这就要求品牌提供与诉求点相同的产品。在这一环节,需要深入调研目标群体的需求,这些需求的获得可以指导新产品开发或旧产品改进。

三、产品测试定位

企业产品测试定位是对产品进行创意或概念测试。即确定企业提供的新产品是否能够满足目标消费者的需求,该环节主要是进行企业自身产品的设计或改进,通过使用符号或者实体形式来展示产品(未开发和已开发)的特性,考察消费者对产品概念的理解、偏好、接受程度等。这一环节测试研究需要从心理层面到行为层面来深入探究,以获得消费者对某一产品概念的整体接受情况。

首先,需要进行产品概念与顾客认知、接受的对应分析,针对某一给定产品或概念,考察其可解释性与可传播性。很多成功的企业家并不一定是新产品的研发者,而是新概念的定义和推广者。其次,需要对同类产品的市场开发度进行分析,包括产品渗透水平和渗透深度、主要竞争品牌的市场表现、消费者可开发度、市场竞争空隙机会,用来衡量产品概念的可推广度与偏爱度。再次,分析实际意义上的产品价格和功能等产品属性定位与消费者需求的关联。因为产品概念的接受和理解程度再高,如果没有对产品的需求,或者对于消费者的这种需求市场上已经有很多的产品给予了很好的满足,这一产品概念仍然很难有好的市场前景。通过对影响产品定位和市场需求的因素进行关联分析,企业可以对产品的设计、开发和商业化进程作出调整。最后,探究消费者是否可能将心理的接受与需求转化为行为上的购买与使用,即对消费者的选择购买意向进行分析,以进行企业自身产品定位的最终效果测定。

四、产品差异化价值点定位

产品差异化价值点定位即提炼产品独特价值点,以及考虑如何与其他营销属性综合。基于消费者的竞争研究,进行营销属性的定位。一般的产品独特销售价值定位方法包括从产品独特价值特色定位、从产品解决问题特色定位、从产品使用场合时机定位、从消费者类型定位、从竞争品牌对比定位、从产品类别的游离定位、综合定位等。在此基础上，需要进行相应的差异化品牌形象定位与推广。

五、营销组合定位

在确定满足目标顾客的需求与企业提供的产品之后，需要设计一个营销组合方案并实施这个方案，使定位到位。这不仅仅是品牌推广的过程，也是产品价格、渠道策略和沟通策略有机组合的过程。正如菲利普·科特勒所言，解决定位问题，能帮助企业解决营销组合问题。营销组合——产品、价格、渠道、促销是产品定位战略战术运用的结果。因为在产品差异化很难实现时，必须通过营销差异化来定位。今天，推出任何一种新产品畅销不过一个月，就马上会有模仿品出现在市场上，而营销差异化要比产品模仿难得多。因此，仅有产品定位已经远远不够，企业必须从产品定位扩展至整个营销的定位。

第二节　高端珠宝产品定位案例分析——通灵珠宝

一、独特的跨代定位，提升持续贡献率

营销大师菲利普·科特勒曾经强调，只存在一种成功的战略，就是仔细的定位目标市场。高端珠宝消费在国内起步的时间并不太长，但发展势头却非常迅猛。如果说国内早期的珠宝消费更多关注价格、保值等因素，如今在高端珠宝消费领域，精神价值因素却越来越成为关注的重点，即客户更加在意消费珠宝所能获得的诸如地位、身份、情感、意境等方面的享受。因此，满足什么样的客户的需求，如何找准产品的定位至关重要。

通灵珠宝通过前期市场调研发现，国内珠宝企业的产品定位目前存在两种问题：一是过于注重功能诉求，二是情感诉求过于空泛。功能诉求很难实现持续的客户销售，而空泛的情感诉求则难以唤起消费者的深刻认同。目前大多数国内珠宝品牌依然从珠宝的投资价值属性出发，强调自身产品的性价比，难以获得较高的品牌溢价；或将产品定位于婚庆市场，但婚庆珠宝大都是一次性消费，企业需要不断地开发新的客户。在营销学上有一个基本的认知，开发新客户的成本是维护老客户成本的 5 倍，而企业 80% 的利润来源于 20% 老客户的重复购买。因此，婚庆珠宝难以建立持久、稳定的市场占有率。

为了更好地打开市场，结合中国独有的"传家宝"文化，通灵珠宝针对中老年顾客选择了与众不同的产品定位方向——"为自己，更为下一代珍藏"。中国文化重视下一代的传承，包括财富的传承、精神的传承、感情的传承等，通灵珠宝的产品定位准确地把握住了消费者重视传承的情感需求。当客户走进通灵珠宝专柜，珠宝的挑选已经从单纯的购买转化为了长期的情感珍藏。通灵珠宝的一位客户曾经表示："将我能够收藏的好东西都收藏起来，留给我的孩子，让他们将来可以过无忧无虑的生活，做自己想做的事情，我有这样的情结，而通灵珠宝真正成全了我这种情结。"从营销数据上看，通灵珠宝的这一产品定位不但赢得了消费者深刻的认同，还成功地提升了客户的持续贡献率。数据显示，通灵珠宝的客户第4次到第5次购买的转化率高达60%以上，平均间隔时间不到150天。

二、上流权威背书，增加价值感和美誉度

高端珠宝品牌与享用它的名人从来都是分不开的。例如：英国不爱江山爱美人的温莎公爵为了向夫人表达爱意，特地在卡地亚定制了猎豹胸针，完美地展现了卡地亚"爱她，就送她卡地亚珠宝"的品牌精神，让卡地亚珠宝成为了奢华与真爱的象征。如今，这种名人背书已经成为高端珠宝营销的经典模式。

早期珠宝营销更多聚焦于促销、馈赠。这些营销手段只能短期提升销量，无法持续吸引客户，也不能让客户形成认同感，反而会降低消费者对品牌价值的感知，不利于品牌走高端发展路线。近年来，越来越多的珠宝品牌开始借鉴国际经验，通过名人背书来提升形象，通灵珠宝表现得尤为突出。2009年，通灵珠宝首次牵手柏林电影节，之后连续四年成为电影节唯一指定珠宝。通过柏林电影节，通灵珠宝品牌不但进入到更为广阔的世界舞台，更得到众多政商名人、影视明星的欣赏和认可。德国前总统克里斯蒂安·伍尔夫向通灵珠宝创始人沈东军亲自表达谢意，感谢通灵珠宝对柏林电影节的支持和贡献。柏林电影节主席迪特·科斯里克盛赞通灵珠宝是"全世界最美的钻饰之一"，并亲自到比利时驻德使馆为通灵珠宝独家发售的"蓝色火焰"切工钻石吹灭生日蜡烛。2011年，比利时MAS博物馆特别为TESIRO通灵和"TESIRO博物馆"系列钻饰设计了专属手印并永久保存。通灵珠宝创始人沈东军也受到比利时国王与王后的亲切接见。

通过一系列的权威背书，通灵珠宝成功地将消费者对皇室明星的关注转移

到对通灵珠宝品牌的关注，通过这种爱屋及乌的情感效应，通灵珠宝的知名度和美誉度实现了全面提升，极大地提高了消费者对产品的价值感知。

三、打造特色产品，形成绝对差异化

目前，产品价值定位不准确，缺乏个性、气质雷同等几乎成为占据中国珠宝市场80%份额的众多国内品牌的共同形象，而国内珠宝品牌掀起的价格战、渠道战也正在成为他们挥之不去的梦魇。与其他品牌不同，通灵珠宝很早就意识到独特性产品的重要性，将产品的独特切工塑造为差异化的品牌特点。2009年，象征世界钻石切工革命性进步的"蓝色火焰"切工钻石在著名油画大师鲁本斯故居发布，其作为钻石切工革命的里程碑，被永久珍藏于比利时钻石博物馆。这种钻石拥有89面完美切工，能够释放更为璀璨的蓝色火彩，因此一问世就在全球珠宝界引起巨大轰动。通灵珠宝在获得"蓝色火焰"切工钻石独家发售权后，更是将其产品差异化推向了极致。

如果说产品是珠宝品牌的灵魂，那么设计则是产品的灵魂。在很多其他国内珠宝品牌还在肆意抄袭国外流行珠宝款式时，由通灵珠宝全球设计顾问安德烈·拉瑟里原创设计的红毯系列高级定制珠宝早已风靡各大电影节，成为章子怡、赵薇、倪妮、张雨绮等众多明星的红毯选择。

通灵珠宝结婚对戒系列"穿越时空的爱"，由同一钻石原坯切割出两颗美钻镶嵌而成。被选中切割成一对钻石的钻坯，需经过切割工匠的精确测量和计算，每100块钻石原坯中大概只有1块能符合如此严苛的要求。"两钻同坯，天生一对"，这款婚戒也是安德烈·拉瑟里为纪念与妻子坚贞永恒的爱情而精心设计，他赋予了这款产品"今生今世永不变心"的主题。而最新的"TESIRO博物馆"高端典藏系列，则吸取了新建于比利时安特卫普市的MAS博物馆的灵感元素，成功打造了一种具有历史感和深度的奢华珠宝体验。独有的专利产品，让通灵珠宝与其他品牌形成了鲜明的品牌差异化区隔，在满足消费者独特化消费情感需求的同时，其品牌也很自然地刻入到了消费者的心中。

找准定位、做好营销、创新产品，在激烈的市场竞争中，通灵珠宝形成了一套自成一派的产品定位策略。归根结底，高端珠宝产品定位的根本在于企业是否能够为消费者带来独特的价值体验。

第三节 高端珠宝品牌产品设计

一、高端珠宝品牌产品设计原则

1. 高端珠宝品牌产品设计要体现产品本身的审美倾向，以满足消费者的审美需求

每个人的品味不同，但由美学因素所触发的愉悦感会因为人类生理结构普遍相同而大同小异。高端珠宝品牌产品的审美倾向往往表现在高贵感、艺术感、科技感、时尚感、流动感、情绪感和价值感上。在进行设计的时候，往往需要从品质、包装、色彩、标志、陈列等方面充分掌握美感，使人产生感官的愉悦。美学文化在心理学上表现为一种移情作用，这正是高端珠宝品牌产品设计时注重与历史传统、文化、风格产生联结，制造一种心动与感动，生成一种美感体验的原因。"精神大于物质"成为高端珠宝品牌产品设计中的一个核心法则。也就是说，产品设计的情感功能大于造型功能，在设计中，往往要体现出情感设计的方向，在理性层面上合理，在感性层面上合情。

2. 高端珠宝品牌产品设计要体现品牌文化

高端珠宝品牌往往具有很强的文化延续性，它们大多有着高贵的"血统"，可以通过原产地的社会文化效应及其产品传达出尊贵的意蕴，更有美妙的故事促使消费者去认识品牌。这从一个侧面反映出高端珠宝品牌必须有自己的文化根源。在高端珠宝品牌产品设计中，设计师的个人文化、行为制度文化和物质文化在设计中各据一定的地位，甚至可以成为品牌文化的精神指标。高端珠宝品牌的产品设计若能在物质层面传达出一致的品牌形象与个性，消费者就能够感知到品牌的精神与文化，并将其与自我的认知风格相结合，以获得产品外的情感价值。因此，高端珠宝品牌产品设计要体现品牌文化，需要文化的沉淀。在设计上，高端珠宝品牌很容易受产品生产地区的思想文化背景和市场消费形态模式的影响，加上产品形象的累积和延续形成的识别体系，消费者必然会对该地区的文化特质产生联想，并进一步形成对该产品的认同与识别。比如恋人们梦想拥有代表真爱文化的卡地亚钻戒，男士梦想佩戴象征成功的劳力士

手表。

3. 高端珠宝品牌产品设计要掌握设计潮流，突出自己独特的设计风格

传统高端珠宝产品特别专注于产品的原料、做工、制造过程等。随着对高端珠宝产品的不断重新认识，现在高端珠宝产品设计更加注重流行元素和技术手段的应用，从而引领时尚。比如2007年夏季大肆流行的"Bling Bling"风，就是在运用奢侈品中的某些元素，通过珠宝亮闪闪的视觉效果来彰显主人的身份和品位。它可以采用宝石等珍贵材料，也可以采用一些视觉上够亮够炫的替代材料。除了运用不同材料和制作工艺突显风格，也可以通过造型、色彩的选择等传达高端珠宝产品本身的格调、层次和美感。高端珠宝产品作为多数人梦寐以求，少数人才能拥有的顶级产品，必须具备举世瞩目的独特设计风格。例如：1940年，梵克雅宝创作出首个以舞蹈为主题的珠宝系列，作品以胸针为主。这一系列珠宝造型模仿舞者翩翩的舞姿，神态各异，包括芭蕾舞者、歌剧舞蹈员、西班牙舞者、小仙子，甚至是蜻蜓造型的仙女。她们的肢体闪现着白k金或光面铂金的光芒；舞动的身影在腰际的红宝石或头上的蓝宝石后冠衬托下益发亮丽，翩翩的舞衣由不同大小、形状的宝石镶嵌而成，包括玫瑰或梨形切割钻石、斜面切割绿宝石或红宝石、多面切割蓝宝石等。此系列作品一经面世，就因其独特的设计引起极大反响，即使在数十年后的今天，仍是收藏家趋之若鹜的宝物。对于高端珠宝产品而言，独特的设计风格是成就其珍稀价值的关键因素。

4. 高端珠宝产品设计应注重"绿色"元素

高端珠宝品牌的产品设计和环保、节能并不是对立的，它不提倡浪费材料或者是无限的创造再废弃。即使是传统的奢侈品，由于极低的产量与大量运用手工等生产方式，也比大批量的普通工业产品更加环保。将绿色环保理念融入高端珠宝产品设计之中，可以让消费者在体验产品尊贵奢华的同时，又对资源环境的保护做出贡献，这种"绿色奢华"的生活方式更容易满足当代精英人群的精神诉求。

随着经济全球一体化进程的推进，国际性的传播媒体及各种信息的大爆炸，原来一成不变的单调设计方式受到了人们多元化需求的冲击。求新、求变

的新生代人群从思想上为这一时期的设计发展提供了未曾有过的选项，促进了各种新设计理念的萌发。同时，由于物质上的极大丰富，消费水平的大幅度提高，人们对于精神方面的需求也发生了转变。无处不在的商业文化，日益刺激着消费者的购买欲望，形成了巨大的消费市场。人们对于视觉传达设计的态度已经不再是基本功能、属性上的满足，而更多地希望其能够日新月异，并更加个性化，更加关注消费者心理层面上的需求。新世纪中，高端珠宝品牌视觉传达设计也逐渐走出了过去一味追逐功利性的阴影，现代的高端珠宝品牌都极具个性，同时引领时尚潮流，赋予传统形态新的时代面貌。使传统真正意义上获得生机，是当今高端珠宝品牌视觉传达设计的重要方向。

高端珠宝品牌产品设计引导人们追求生活，品味生活，脱掉铺张华丽的外衣。在设计中，力求产品的形态给人带来艺术美和视觉上的舒适享受，从心理上带来美感冲击，同时，营造产品的美学文化、品牌文化，关注人的情感需求，适应流行趋势，塑造自身独特的设计风格，注重环保节能。这样的设计反过来才会引领潮流，成为推动经济的动力。

二、高端珠宝品牌包装设计

高端珠宝品牌代表着昂贵、高价、限量、少数派以及最顶级的工艺和最佳的质量等，其包装有着独特的个性并以特别的设计方式呈现，这使得它们在一定意义上与其他的商品包装分离出来。包装最初的目的是包裹保护商品，使其在运输和储存过程中免受损坏，而现在的商品包装越来越多地超越了这一简单的功能效用。普通商品包装如此，高端珠宝品牌包装更甚。在许多时候，外包装能够体现一个高端珠宝品牌的态度，能够传达品牌文化，它可以加深公众对品牌的印象，并巩固品牌在消费者心中的地位。由此，高端珠宝品牌包装设计有了更深远的意义。

1. 高端珠宝品牌包装的创意出发点

一个包装设计有何种风格，与品牌的精神走向有较直接的联系。产品外包装设计要从属于品牌所塑造的形象，包装只是品牌向外展示的一个方面，但采用何种包装，其创意出发点大致有以下4点。

（1）品牌传统。高端珠宝品牌都有自己的品牌传统和固定的风格。在为产品设计包装时，首先考虑的应是沿袭品牌的传统。从传统出发，在继承中创新、向经典致敬等,都是构思包装创意时一贯采用的设计思路。

(2)产品特征。合适的包装设计要与所包装的产品相符,包装与产品实物两者是一体的。高端珠宝品牌每季都会推出一些极具个性、有鲜明特征的产品。在为这类产品设计包装时,就可考虑优先放大产品特征,使包装的特色元素与产品的特征相吻合。比如香奈儿推出了高端定制珠宝山茶花系列,其包装就专门采用山茶花标识。

(3)流行元素和新型材料。每个高端珠宝品牌都力图使自己在国际潮流界保持永远领先的地位,希望自己的品牌可以引导潮流,领跑国际时尚界。考虑到这一点,在构思品牌产品的包装创意时,需要了解国际最新的潮流趋向,关注最流行的包装材料,使用新型元素,让消费者感觉到品牌的创新力量。

(4)环保、和平以及公益等社会主题。高端珠宝品牌都有极高的品牌影响力。当品牌结合社会主题如公益、环保等来设计包装作品时,更容易获取公众对品牌的好感,展示其履行社会责任感的企业担当。

2. 高端珠宝品牌包装的用色

颜色给人最直观的感觉,带来首当其冲的视觉冲击力,也给人留下最深刻的印象。外包装用什么样的颜色,与所包装的物品和品牌特征联系密切。不同的产品线、不同时期的产品风格都会对包装产生很大影响。

高端珠宝品牌具有很高的知名度,它们各自又有极其统一的外在视觉表现,代表之一就是包装颜色的统一。高端珠宝品牌的产品外包装颜色通常是固定的,如香奈儿用优雅的纯黑色,蒂芙尼则永远是不变的高贵蓝,卡地亚是鲜明的正红等。采用何种颜色作为品牌产品外包装的固定用色,是由品牌创立的历史环境、品牌个性、品牌定位等要素决定的。例如,爱马仕最初是以制造马鞍、马具等皮具起家,他们选用最上等的皮质加上精湛工艺和品位利落的设计,使得品牌的知名度创立起来。而制作皮具需要选用上等的牛皮作为原材料,牛皮自然本色为棕色,由于棕色偏暗沉,故当时的创始人选择了和棕色相近的橙色作为爱马仕的代表颜色。又如,香奈儿女士于1903年在法国创立了自己的品牌。优雅、得体是她自己的风格,也逐渐演变为香奈儿的品牌理念和品牌气质。她个人偏爱黑色,认为黑色能代表品牌所需要表达的内涵。故此,优雅并深具气质的黑色成为了香奈儿产品外包装的固定用色。

3. 高端珠宝品牌包装的图案

高端珠宝品牌选用哪种图案作为固定的包装使用元素，需要经过慎重的筛选。固定图案的选择确定需要注意这几个方面：品牌理念、品牌精神、品牌特色以及品牌文化氛围。一般高端珠宝品牌都会使用具有自家特色的经典图案。众所周知，山茶花和双 C 图案是香奈儿的经典符号，公众只要看到山茶花和双 C，脑中第一反应出的就是与其相对应的香奈儿品牌。图案在这里成为了一种代言，这是一种成功，也是高端珠宝品牌长久坚持品牌精神与品牌理念的成果。这样重复使用固定图案作为包装的主设计元素，强化了品牌个性在消费者脑中的印象，也加固了品牌特有的风格。

第四节 高端珠宝品牌产品质量管理

高端珠宝产品作为奢侈品的一种，是超出人们生存与发展需要范围的，具有独特、稀缺、珍奇等特点的消费品，也是非生活必需品。它能够显示消费者的富有程度、地位高低以及价值观念和生活方式。从高端珠宝细分市场的概念出发，高端珠宝产品的目标消费者为高收入的顾客群体，有 95% 的高端产品是专门提供给金字塔顶端人士使用的，只有 5% 的金字塔顶端消费者才能负担得起。对于此类高端消费者而言，他们购买高端珠宝产品，更多的是为享受一种卓越的品质。因此，高端珠宝产品一般都使用最优质的材料，以彰显产品的高品位。

另外，高端珠宝产品的制作工艺必须缜密而细致，由此体现出购买者的优雅与高贵。一个高端珠宝品牌代表了该类别所有产品的最高水准，一流的品质、超凡细腻的手工、对工艺的苛刻要求以及设计大师的匠心独运，使高端珠宝产品精致而唯美。例如，梵克雅宝 Alhambra 四叶草系列自面世以来一直深受全球女性顾客喜爱。这个象征幸运、健康、财富和爱情的图案不仅是梵克雅宝的标志性设计元素，同时也成为珠宝界最具辨识度的系列之一。Vintage Alhambra 系列和 Sweet Alhambra 系列始于 1968 年，梵克雅宝为这两个系列加入了全新的色彩：玫瑰金。玫瑰金的处理工艺非常微妙，需要特定的精湛工艺，手工匠编织精致的链子，以相同的间距串起数个珍珠轮廓玫瑰金图案。高端珠宝产品追求极致的精致造就了它奢华的本性和完美的品质。

一、高端珠宝品牌质量管理

1. 加强和培养管理者的质量意识

在产品生产过程中,质量来源于管理,高端珠宝企业应发挥管理者的影响作用,培养管理者的质量意识。最高管理者对质量管理的重视程度,对质量管理人员的职责定位及工作支持程度是决定产品质量的关键。作为质量改进的领导者,各级管理人员要负责传达企业质量改进的目标并保证全体员工真正理解,要培育一个交流沟通、互相合作的环境,创造必要的质量改进环境。

2. 建立高品质的企业文化

企业文化决定着企业员工的思维方式和行为方式。从某种意义上讲,企业竞争的核心是企业文化的竞争。现代质量管理理念最基本的要求就是通过持续不断的培训,在潜移默化中提高全体员工的整体素质。高端珠宝品牌一般都拥有着悠久的历史和传奇故事,被赋予了非凡的文化内涵和品质属性。高端珠宝产品的消费实际上也表现为对其经典产品的崇拜。例如,当年卡地亚公司为温莎公爵夫人设计了4款首饰,分别是猎豹胸针、BIB项链、老虎长柄眼镜和鸭子头胸针,至今依旧是热爱卡地亚珠宝消费者心中的圣品。企业需要将高品质的形象和理念贯穿到企业文化宣传的各个方面,让员工形成根深蒂固的品质意识。

3. 加大对员工质量意识的激励

企业员工"质量意识"的提升可从多个方面进行,如企业文化、管理的标准化、标准的执行、工作行为及教育培训等。企业质量管理的关键要素是人,这就要求在实施过程中必须十分注意发挥每个员工的积极性和创造性。一方面,在内部推行民主管理,积极采用员工的合理建议,制定"零缺陷"活动计划,增强员工的民主参选意识和质量观念;另一方面,应把全体员工的工资与质量挂钩,推行质量工资制。

4. 加强过程质量控制

高端珠宝企业应建立标准化、制度化的生产工序,重视产品质量形成的各个环节。从市场研究到开发、设计、制定产品规格、制定生产工艺、采购原材料、直接生产过程、工序控制、质量检验、产品测试,再到销售、售后服务,每个环节的工作质量都直接影响着企业的产出、品质管理及企业产品质量管理策略。例如,梵克雅宝的珠宝首饰所镶嵌的每颗宝石,皆坚持具备极高的质量。质量是梵克雅宝拥有极致声誉的重要因素,每颗出自梵克雅宝的钻石颜色等级至少为 F 级,而在高级珠宝的设计中只使用 D 或 E 级钻石。长久以来,梵克雅宝坚持所有高级珠宝皆必须在所属的作坊内创作而成,该品牌每一件珠宝产品的设计与制造都是在位于巴黎及纽约的作坊中,由超过 60 位的顶级珠宝设计师和工匠负责。

5. 建立完善的质量管理体系

质量管理体系是建立质量方针和质量目标并实现这些目标的体系。在组织内部,质量管理体系是质量管理的载体,它包括企业建立质量方针和质量目标,并为实现质量目标进行质量策划,实施质量控制和质量保证,开展质量改进等活动。在组织外部,它用于证实组织的能力,表明组织有能力向顾客提供符合要求的相关产品和服务。此外,市场导向的质量管理体系应该遵循持续改进的重要原则。

例如,宝格丽的珠宝首饰体现了浓厚的希腊与意大利古典风格,每一款首饰在最初的灵感萌发之后,还要经过设计师与工匠的精心雕琢,由此产生了许多珠宝中的经典之作,牢牢地征服了所有热爱时尚的女人们的心。宝格丽珠宝的创作,首先由设计师将构思绘制于蓝图上,再由手艺精巧的珠宝师傅以蓝图为本,制作极为柔和圆润、绚丽完美的珠宝。珠宝师傅从最早的蓝图开始分析与创作,以选择最适合该件作品的材质与色彩,同时兼顾宝格丽的传统风格。以腕表来说,宝格丽成功地结合了优雅与复杂机械兼容并蓄的设计,并以保证高品质著称的瑞士认证标准进行制造和检验。所有的宝格丽腕表皆由瑞士纳沙泰尔的宝格丽钟表工作室制作。

为确保所有宝格丽产品具有相同的品质水准,宝格丽也以同样的精神和注重细节的态度生产公司旗下的所有产品。同样由瑞士的宝格丽香水工作室负责管理宝格丽香水的创作、制造与经销的每一阶段。另外,宝格丽也与意大利制造公司紧密配合,以管理丝巾与皮具的创作、制造和经销的每一阶段。宝格丽严格地执行企业的质量管理标准,以保证宝格丽品牌下的所有产品线都具有国际一流的制造水准。

第五节 产品策略案例分析——施华洛世奇

一、启蒙阶段：开创独特的产品专利技术

施华洛世奇（Swarovski）是世界上首屈一指的水晶制造商，每年为时装、首饰及水晶灯等工业提供大量优质的切割水晶石。瓦腾斯是施华洛世奇水晶在全世界仅有的2间工厂所在地。就像可口可乐守护着配方"X"那样，施华洛世奇公司至今仍保持着家族经营方式，把水晶制作工艺作为商业秘密代代相传，至今他们仍然独揽多个与水晶切割有关的专利。这一切必须归功于施华洛世奇的创始人丹尼尔·施华洛世奇那超越时代的知识产权保护意识。丹尼尔1862年诞生于波西米亚伊斯山的一个小村庄（现捷克境内），那里一直就是传统的水晶玻璃加工区，但基本是手工作业。作为一个水晶切割小作坊的继承人，丹尼尔从小跟随父亲学习宝石打磨，用于装饰胸针、发针、发梳等饰物。21岁那年，丹尼尔去维也纳参观了在那里举行的第一届电气博览会。西门子和爱迪生的技术革命给了丹尼尔灵感，他决心发明一台自动水晶切割机。9年后，经过日夜不停的埋头实验，他的第一台可完美切割水晶的自动切割机问世。切割后的水晶制品能被打磨成数十个切面，对光线有极好的折射能力，使整个水晶制品看起来耀眼夺目。

二、发展阶段：以技术优势为基础，全方位扩大产品线

施华洛世奇公司的发展初期，也就是20世纪上半叶，适逢一个战乱频繁、经济动荡的年代，但丹尼尔向来善于在逆境中寻找新路，而无名小镇瓦腾斯也成为了令丹尼尔事业腾飞的风水宝地，不但帮助施华洛世奇的水晶产品打开了市场，而且还激发了源源不断的创新灵感。20世纪初，施华洛世奇开始利用自身水晶切割专利大规模生产极具特色的无瑕疵人造水晶石，这些水晶及宝石产品很快受到了市场的热烈追捧。从此以后，施华洛世奇利用水晶专利，成功将其水晶产品线不断地延伸到每一个能被水晶装饰的角落。今天游客们只要在瓦腾斯的"施华洛世奇水晶世界"里转一圈，就能了解这些产品是多么贴近人们的生活。除了时装、鞋帽、手表、首饰上的水晶装饰来自施华洛世奇以外，

当顾客走进售卖户外运动品的商店购买用于打猎和观鸟的望远镜时,望远镜的品牌很可能也是"Swarovski Optik",包括纽约大都会剧院、巴黎凡尔赛宫,甚至是中国人民大会堂的水晶吊灯都是施华洛世奇出品的"Strass"。

三、腾飞阶段：结合体育运动，打造人气产品

到了1976年，瓦腾斯成就了施华洛世奇历史上的另一个飞跃。当年的冬季奥运会在蒂罗尔州首府因斯布鲁克举行，而施华洛世奇的设计师也在偶然的情况下利用水晶灯部件的零碎材料拼凑着做出一只水晶老鼠。它是公司历史上推向市场的第一款水晶成品，立即成为冬奥会的畅销纪念品。受此启发，施华洛世奇乘胜追击地推出了一系列以小动物、花草等为主题的"银水晶"摆件产品。1987年，公司成立了"施华洛世奇收藏者俱乐部"，至今，收藏俱乐部已经在世界30多个国家拥有45万会员，"银水晶"系列成为施华洛世奇公司的标志产品。

四、重新定位：思考发展瓶颈，提升产品定位的高度

丹尼尔的后人为公司制定了新的发展定位，即把施华洛世奇的水晶产品塑造成高档的奢侈品。曾在美国求学、毕业后在中国香港负责销售和分销工作的娜佳发现施华洛世奇品牌在欧洲和美国市场有着截然不同的含义。在欧洲和亚洲，施华洛世奇水晶被视为高档雅致的礼品；而在美国，人们成批购买的是施华洛世奇动物造型的水晶摆设。娜佳开始着手重新定位并提升施华洛世奇的产品，她的第一个举动是于1998年在纽约开设了第一家施华洛世奇创意服务中心，作为水晶产品的展览厅，聘请时尚顾问来指导瓦腾斯的水晶切割工匠。当年，施华洛世奇在北美的销售金额从140万美元剧增到1300万美元。1999年以来，已经有6间中心先后在伦敦、迪拜、巴黎、米兰、新德里和圣保罗开设。之后，施华洛世奇进一步与欧洲的时尚设计大师合作，推出了价值3000美元的水晶项链和镶满了碎水晶的手袋来迎合奢侈品市场，新产品在米兰、纽约这些时尚之都风靡一时。

第六章　高端珠宝品牌的商品价格管理

价格是商品交换中单位商品量需要的货币的数量多少。或者说，价格是单位价值，价格是商品的交换价值在流通过程中的转化形式。在经济学中，价格是一项以货币为表现形式，为商品、服务及资产所订立的价值数字。在商品交换过程中，价格是交易双方最为关注的因素之一，能否成交，在很大程度上取决于交易双方对价格的认同。

在微观经济学里，资源在需求和供应之间的重新分配过程中，价格是重要的变量之一，当需求增加或供应减少时，价格就会升高；反之，价格就会下降，从而对市场起着调节作用。然而，高端珠宝首饰是稀缺商品，其价格不一定遵循一般商品的变化规律，商品的稀缺程度、是否可以作为持续升值的财富、商品的价格需求弹性、消费者对商品价值的认同程度等，都会对高端珠宝的价格产生影响。本章，我们将先讨论高端珠宝首饰价格与价值之间的关系，接着分析影响高端珠宝首饰价格的因素，最后探讨如何为高端珠宝首饰定价以及价格管理问题。

第一节　高端珠宝品牌的商品价值

一般来说，商品都是有价值的，商品的价值是我们制定价格的基础。价值的变动是价格变动的内在的、支配性的因素，是价格形成的基础。但是，由于商品的价格既是由商品本身的价值决定的，也是由货币本身的价值决定的，因而商品价格的变动不一定反映商品价值的变动，例如，在商品价值不变时，货币价值的变动就会引起商品价格的变动。同样，商品价值的变动也并不一定就会引起商品价格的变动，例如，在商品价值和货币价值按同一方向发生相同比例变动时，商品价值的变动并不引起商品价格的变动。因此，商品的价格虽然是表现价值的，但是，仍然存在着商品价格和商品价值不相一致的情况。在简单的商品经济条件下，商品价格随市场供求关系的变动，直接围绕它的价值上下波动。但在市场经济条件下，由于市场竞争、市场供给和需求的变化，商品价格可由供给、需求以及商品本身的价值等多种因素所决定。如果按这种思路去讨论高端珠宝的价格与价值,问题就变得相当复杂了。我们不妨从创造品牌的核心价值入手探讨高端珠宝的价格问题。

在营销学上,品牌的核心价值分为3个层次:功能价值、情感价值和自我表达价值(图6-1)。功能价值是品牌的基本价值,是品牌价值的基本形式,如果没有功能价值,情感价值与自我表达价值就失去了根基。手表的功能价值是"走时准确、防水"等,而名表的品牌核心价值主要不是这些功能性利益,而是品牌所代表的文化、精神与品位,如劳力士、浪琴(Longines)或上百万元一块的江诗丹顿(Vachevon Constantin)手表能给消费者独特的精神体验和表达"尊贵、成就、完美、优雅"等自我形象。这就是卓越的功能价值基础上,将品牌的核心价值聚焦到情感价值与自我表达价值,实现品牌核心价值的和谐统一。情感价值和自我表达价值也许是一种审美体验、快乐感觉,能够表现财富、学识、修养、自我个性、生活品位与社会地位,但它必须以功能价值为基础。

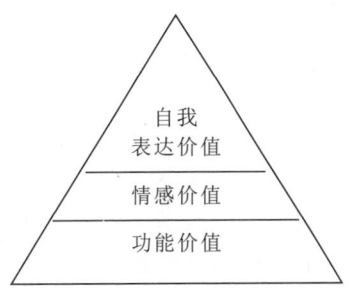

图6-1 品牌核心价值的层次

情感价值和自我表达价值是以"是否与自己的生活形态相契合"为考量的,是通过产品的品牌文化、风格、品位,制造一种情感的联结,生成一种美感的体验,并让这种经验深植于消费者的心中,持续地与消费者建立一种牢不可破的关系。可以说,这种价值是通过一种情感联想创造出来的。那么,高端珠宝品牌如何制造一种情感联想,让消费者认同产品的品牌文化、风格和品位呢?让我们看一下卡地亚经典作品——猎豹胸针的诞生及其受到皇室和贵族追捧背后的故事。

1919年春天,对于44岁的路易·约瑟夫·卡地亚来说是个非同寻常的季节。那时,创立于1847年的家族珠宝品牌卡地亚已从祖父路易·弗朗索瓦·卡地亚的手里传到了他这一代。在所有人眼中,约瑟夫才华横溢,更有着精明的商业头脑,其父阿尔弗雷德早就将他看成是卡地亚家族不可代替的接班人。唯一美中不足的是,约瑟夫的婚姻属于纯粹的商业联姻,他和妻子之间感情淡漠。这年4月,约瑟夫参加了巴黎上流社会的一个聚会,著名的可可·香奈儿也在其中。一个装扮时尚靓丽、气质脱俗的年轻女孩朝着他们走了过来。她是香奈儿的朋友珍妮·杜桑。当香奈儿向珍妮介绍约瑟夫时，约瑟夫倨傲地微笑着，以他的经验，接下来一定会听到溢美之词。然而，珍妮开口却是一瓢冷水："约瑟夫先生，卡地亚的珠宝什么时候能打破一成不变的老套路呢？"所有的人都目瞪口呆，约瑟夫更是尴尬无比。可内心里，他不得不承认她说中了自己的心事。此时的卡地亚的确陷入了设计的枯竭期，他正在为无法突破自己品牌陈旧的风格而苦恼。

香奈儿告诉约瑟夫，珍妮刚刚24岁，虽然不是从专业学校毕业的设计师，但具有极高的设计天赋。带着一种恶作剧的报复心理，约瑟夫向香奈儿提出，想邀请珍妮参加卡地亚正在举行的设计大赛，如果通过资格赛就直接进入他们公司工作。这对珍妮来说是一个发展的好机会，但她并不知道，约瑟夫的本意是想让珍妮在众多参赛者的面前出丑。然而，当约瑟夫给比赛的获奖者颁奖时，他惊得半天都没有回过神来，冠军获得者竟是珍妮·杜桑。

就这样，珍妮进入了卡地亚公司。个性鲜明的她带给了卡地亚源源不断的生机和灵感。为了获得艺术源泉，这个爱冒险的女子竟然申请前往美洲丛林考察，并鼓动约瑟夫也随他们的考察队一起去，约瑟夫鬼使神差地答应了。

这一天，考察队的大多数人员在营地休憩，珍妮和约瑟夫决定开车去四周看看。在一片并不茂盛的草地上，一种美丽的美洲兰草正开得如火如荼，他们停车游玩。就在这时，意外发生了：一只美洲豹悄无声息地慢慢靠近约瑟夫。珍妮发现了这一可怕的情况，大喊"约瑟夫快逃"。约瑟夫扭过头来，意识到自己的危险处境，惊恐之间残存的一丝理智告诉他，如果立即奔跑，美洲豹必将扑过来咬住他。于是他猛地掉转相机，对着美洲豹"咔"地一按，闪光灯把美洲豹吓住了。就在这生死对峙的时刻，珍妮脱下上衣，用随身携带的打火机点燃，向美洲豹投掷过去，那家伙被一团火焰吓住了，逃进丛林。约瑟夫立即和珍妮飞奔到十几米外的吉普车上。惊心动魄的时刻过去了，当车子开到了安全地带后，劫后余生的两个人紧紧地拥抱在一起。珍妮和约瑟夫就这样迅速地坠入了爱河。回到巴黎后，珍妮满怀甜蜜和快乐，设计出了一系列与大自然有关的珠宝饰品，被顾客抢购一空。

1920年，约瑟夫宣布珍妮担任卡地亚珠宝王国的艺术总监。约瑟夫的弟弟雅克和皮埃尔觉得哥哥简直疯了，于是派人跟踪调查，发现了约瑟夫和珍妮的情人关系。雅克告诉了老父亲阿尔弗雷德。阿尔弗雷德勃然大怒，打算把珍妮赶出卡地亚。可当阿尔弗雷德得知珍妮很有设计天赋,为卡地亚带来了源源不断的客户以后,他私下里会见了珍妮。他给珍妮两个选择,要么离开卡地亚,要么留在卡地亚当艺术总监,但必须与约瑟夫划清界限。为了能和心爱的人朝夕相处,珍妮选择了后者。约瑟夫不忍心让珍妮受委屈,意欲抗争,可珍妮却哭着对约瑟夫说:"只要让我留在你的身边,能让我天天看到你,这样就足够了。"

1936年12月,继位不到一年的英国国王爱德华八世为了跟离异两次的美国平民女子辛普森夫人结婚,毅然宣布退位。为了表达自己的爱情,成为温莎公爵的他请卡地亚公司为公爵夫人设计首饰。这个重大任务落到了珍妮身上。温莎公爵"不爱江山爱美人"的爱情故事深深地感动了她,也让她想到了自己与约瑟夫之间绝望的爱,她绞尽脑汁,想用一种全新的风格来诠释这种爱。终于,和约瑟夫在美洲丛林遇险的情景浮现在珍妮脑海,她将自己全部的感情都融入设计中。随即设计出猎豹胸针、BIB项链、老虎长柄眼镜和鸭子头胸针等一系列珠宝饰品。其中,猎豹造型的胸针让温莎公爵夫人爱不释手。猎豹胸针从此成为卡地亚的经典标志,珍妮也因此一举成名,被珠宝界称为"美洲豹一样的女人"。

由此可见,猎豹造型的胸针之所以成为卡地亚的经典作品,一是它出自卡地亚知名设计师之手,二是它得到了温莎公爵夫人等贵族和社会名流的喜欢,更主要的是猎豹造型背后的故事和其中蕴含的温莎公爵"不爱江山爱美人"的爱情故事深深地感动了他们。猎豹造型的珠宝饰品不再单纯是一件用于装饰的首饰,而是蕴藏神圣爱情故事和贵族基因的代名词,其价值不再是单纯具有装饰作用的功能价值,而是具有更高层次的情感价值和自我表达价值。

所以,理解奢侈品品牌的商品价值,不能简单地限于其功能价值,而要从品牌核心价值的3个层次全面认识。从某种意义上说,奢侈品品牌的商品价值更主要地还是由商品的情感价值和自我表达价值决定的。正如前所述,高端珠宝品牌可能没有奢侈品品牌的商品那样,具有较高的产品溢价,但同样要注重讲述品牌故事,注重产品设计,提升品牌定位,从品牌文化、设计风格、品牌品位等各个方面突出高端珠宝品牌的情感价值和自我表达价值。如果让消费者从价值认知上感觉物有所值,那么,接受商品的价格就水到渠成了。

第二节 高端珠宝品牌的商品价格

价格作为企业营销组合的重要因素之一,直接决定着企业市场份额的大小和赢利水平的高低。因此,科学合理的定价一直是企业重视的话题。

考察西方奢侈品品牌的商品价格我们会发现,如果从商品的成本来进行分析,奢侈品品牌的商品价格与商品成本是严重背离的,即商品价格远远超出商品成本。这就是前面探讨的奢侈品品牌奢侈度的问题,商品的原材料成本、设计成本、加工成本等因素是构成奢侈品品牌奢侈度的主要因素,正因为奢侈品品牌的商品具有较高的奢侈度(价格),商品才被称为奢侈品。那么,奢侈品品牌的商品为什么有信心制定较高的价格?消费者为什么乐意接受奢侈品品牌商品的高价格?奢侈品的高价格为什么不担心市场的价格竞争问题?奢侈品的定价是否存在价格欺诈或暴利定价的问题?高端珠宝首饰的定价如何借鉴西方奢侈品的定价策略呢?

卡地亚 Trinity 系列三色金戒指以黄K金、白K金和玫瑰K金打造(图6-2),三环圆弧的线条朴质而利落,彼此交缠,却拥有丰沛而温润的情感寓意。这款三色金戒指是路易·约瑟夫·卡地亚为好友诗人让·科克托设计。据说让·科克托在一次巴黎的晚会上向路易透露了自己对于首饰的美好向往。

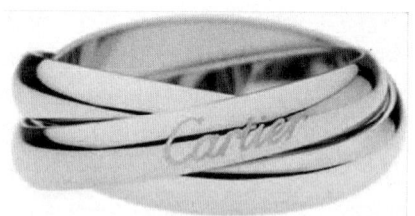

图6-2 卡地亚 Trinity 系列三色金戒指(简洁风格)

因此,路易特别为其设计了这款别具心思的饰品:戒指由3个不同材质的金环相互环绕而成,象征了3种世界上最重要的感情:白金代表友谊,黄金代表忠诚,玫瑰金代表爱情。而此三环的设计也应用在手表、钢笔、打火机等其他配件上。戒指的总质量约5g,但在淘宝网上的售价为近万元。从功能价值上来说,这款戒指显然具有较高的品牌溢价。但由于它出自卡地亚品牌,且得到诗人好友的认同,因此,它的价格只能从品牌精神和品位等情感价值和自我表达价值方面来评价了。

那么,奢侈品的高定价是否存在价格欺诈或暴利定价问题呢?《中华人民共和国价格法》第十四条第四项规定，经营者不得利用虚假的或者使人误解的价格手段，诱骗消费者或者其他经营者与其进行交易。而在《制止谋取暴利的暂行规定》中，暴利定价是指企业某一产品的价格水平或差价率或利润率超过同一地区、同一期间、同一档次、同种产品的市场平均价格或者平均差价率或平均利润率的合理幅度。由此可见，奢侈品的高利润是否存在价格欺诈或暴利定价问题，关键要看是否是在损害了消费者的知情权和选择权的情况下取得。在消费者明知其功能价值有限的情况下，愿意花费更高的价格去购买奢侈品，显然不存在价格欺诈或暴利定价问题。

奢侈品品牌的高定价如何去应对市场竞争呢？据报道，尽管全球奢侈品品牌活跃于服装、皮具、珠宝、腕表、汽车、私人游艇、化妆品、香水、洋酒等多个行业，但所有奢侈品品牌多数由酩悦·轩尼诗-路易·威登集团（LVMH）、历峰集团（Richemont）、开云集团（Kering）和斯沃琪集团（Swatch）四大奢侈品产业集团所垄断。除斯沃琪集团专门经营不同品牌的腕表外，其他3个品牌整合了多个奢侈品类别。不仅在横向进行整合，也在纵向上进行整合。横向整合就是围绕行业价值链的某个环节做大做强，行业整合得以成功的载体一般是技术、品牌、市场、资金，资本运作是通用的整合手段。纵向整合就是行业价值链的原材料—成品—销售通道资源的整合，也就是我们常说的上下游一体化模式。这种纵向整合，又可以细分为两种模式：一种是向上整合，由分销向制造的拓展；另一种是向下整合，也就是从制造拓展到分销。整合后的品牌进行层次化分区，能够更好地满足不同层级消费者的需求，品牌整合和层级化品牌管理是重要的，它能够更好地应对短时的奢侈品需求减少带来的恶性竞争。3个集团在多数品牌之间交叉持股，一损俱损，一荣俱荣，奢侈品品牌很少出现打折促销的问题。

如果仅从功能价值的角度出发，高端珠宝首饰的价格也是有限的。高端珠宝品牌虽然没有像奢侈品品牌那样厚重的历史和文化，也没有多数西方奢侈品品牌那样的品牌地位，但我们要注重挖掘品牌背后的故事，沉淀品牌文化，努力提升高端珠宝的人文价值、收藏价值和象征价值，在此基础上制定的高端珠宝品牌的商品价格才能有较高的溢价空间。

第三节 影响高端珠宝首饰定价的因素

对于一般商品来说,影响产品定价的因素既有企业内部因素,也有企业外部因素;有主观的因素,也有客观的因素。概括起来,大体上有商品成本、市场需求、竞争因素和其他因素4个方面。其实,越是大众消费品,越是竞争激烈的行业,利润就越微薄。大众消费品一般是以成本来定价,而奢侈品不是这样,它们的定价权掌握在品牌手中,奢侈品市场是一个卖方主导的市场,所以利润可见一斑。也有人认为,消费者所看到的奢侈品的价格只是产品本身的成本,奢侈品大多采用国际一流设计师,这些设计师的身价不菲,奢侈品公司要为他们支付昂贵的薪酬;为了保持好的产品质量,奢侈品品牌要精选原材料,生产成本也会高于一般商品;为了建立良好的品牌形象,奢侈品品牌总是选择最好的商业位置开店,开店成本会高于一般品牌;为了建立良好的品牌知名度和美誉度,奢侈品的营销成本要远远高于一般商品;另外就是广告费用,奢侈品品牌通常会投入巨资在目标客户可能出没的地方打广告,包括昂贵的机场广告、明星代言等。这些成本都是奢侈品成本的组成部分。所以,虽然看起来奢侈品赚的是暴利,但是成本绝对在非奢侈品之上。那么,作为与奢侈品品牌有相似特征的高端珠宝品牌,哪些因素会影响其商品定价呢?

一、高端珠宝首饰定价的影响因素

如前所述,高端珠宝品牌具有奢侈品品牌的某些特征,影响其商品定价的因素也有相似之处,但也要结合具体情况而定。总体来说,高端珠宝首饰定价影响因素包括如下5个方面。

1. 品牌知名度和美誉度

品牌知名度和美誉度不仅是品牌的重要资产,也会对品牌商品定价产生重要影响。一般的商品品牌如此,高端珠宝品牌同样如此。虽然高端珠宝品牌选择的是一个小众目标客户群体,但商品的质量、设计、工艺、文化和品位是需要得到目标客户群体认同的。只有得到他们的认同和接受,才能以口碑相传的形式使品牌获得更高的知名度和美誉度,品牌才能在社会公众的心目中具有较好的形象和较高地位。品牌地位超高,商品定价的溢价空间就越大。

2. 商品成本

其实，任何商品的定价都必须以它们的成本为基础，即使是在激烈的竞争行业，商品的定价也必须以"收回商品成本"为底限；而奢侈品的定价之所以这么高，是因为看到的成本仅仅是材料成本而已，其实背后的成本还有设计成本、加工（工艺）成本、管理成本、开店和广告等营销成本。高端珠宝品牌其实也包括这些成本，但正如前所述，由于高端珠宝品牌在品牌历史和文化沉淀方面不如奢侈品品牌，因此，商品的材质、设计、工艺等体现高端珠宝首饰功能价值的要素可能仍然是高端珠宝品牌商品定价应考虑的主要因素，通过商品的定价让消费者感觉到高端珠宝首饰的物有所值，再通过人文价值、收藏价值和象征价值取得消费者对高端珠宝品牌商品价格的认同，提升他们的购买欲望。

3. 商品稀缺程度

稀缺是相对于人类的欲望（市场的需求）来说的。按照稀缺理论，某种东西在这个世界上绝对数量很少，人类的欲望或需求越多，那么这个东西就越稀缺。市场经济的实质是肯定稀缺。什么东西越稀缺，什么东西就越值钱。反过来说，做什么东西想赚钱，就把它做成稀缺，这就是稀缺性理论对营销的启示。就全球宝石产量来说，宝石材料本身就具有稀缺的特征，高端珠宝材料更是稀缺的，有些宝石可能是唯一的，同时，高端珠宝首饰的生产工艺和产品设计风格是别具一格的，品牌背后的故事和文化沉淀也是独到的。品牌管理者如果善于制造稀缺，就会为高端珠宝品牌赢得溢价空间。商品越稀缺，目标客户群体拥有的欲望越强烈，高端珠宝首饰的定价空间就越大。

4. 商品的价格弹性

所谓价格弹性，即需求量对价格的弹性，是指某一产品价格变动时，该种产品需求量相应变动的灵敏度。而价格弹性分析，就是应用弹性原理，就产品需求量对价格变动的反应程度进行分析、计算、预测和决策。价格弹性表明供求对价格变动的依存关系，反映价格变动所引起的供求相应的变动率，即供给量和需求量对价格信息的敏感程度，又称供需价格弹性。商品本身的价格、消费者的收入、替代品价格以及消费者的爱好等因素都会影响对商品消费的需求。价格弹性是指在这些因素保持不变的情况下，该商品本身价格的变动引起的需求数量的变动。在需求有弹性的情况下，降价会引起购买量的相应增加，价格上升则会使消费者对这种商品的货币支出减少。在需求弹性等于1的情况下，降价不会引起消费者对这种商品的货币支出的变动。

价格弹性大小取决于该商品的替代品的数目及其相关联（即可替代性）的程度，还有该商品的消费在目标客户预算中的重要性和该商品的用途等因素。高端珠宝首饰是稀缺的，如果钟情于珠宝首饰的某一特征并渴望拥有它，是很难找到相应的替代品的，另外，高端珠宝品牌选择的目标客户群体是一个小众的、高收入的群体，一件高端珠宝首饰的消费在他们的预算中可能微不足道，这就决定了高端珠宝品牌的商品价格弹性变动较小，即高端珠宝品牌的定价有较大的变化空间。

5. 市场竞争

高端珠宝品牌的经营是企业基于长远战略规划的市场布局。从事高端珠宝品牌经营，一方面需要投入大量的资金购买高档宝石材料，聘请顶级首饰设计师为其设计作品，投入巨资在商业旺地开设店铺及设立与高档品位相适应的经营环境；另一方面，在品牌建立之初的宣传和客户积累阶段的不断投资，不可能在短期内取得收益。而品牌一旦建立，在这个小众群体上是少有竞争者的，即使市场上存在定位相同的竞争对手，每个品牌也可以根据自身掌握的资源不同建立鲜明的特色。所以，高端珠宝品牌在为自己的商品定价时，不用在应对市场竞争方面花费更多的精力。即使在同行业中有不同的声音，也可以用品牌的文化内涵和与众不同的品位进行有效的压制。

二、高端珠宝品牌的商品定价方法

价格是一个复杂的经济学问题。一般来说，商品的定价是以企业的定价目标为导向的。定价目标一般可分为利润目标、销售额目标、市场占有率目标和稳定价格目标，不同的定价目标会产生不同的定价方法，主要有成本导向定价法、竞争导向定价法、顾客导向定价法和维持市场稳定定价法。由于高端珠宝品牌的成本是消费者看不到的，对企业来说也只是商品定价的参考，高端珠宝市场也不存在激烈的市场竞争问题，所以，前两种定价方法并不适合高端珠宝品牌。维持市场稳定定价法是指同行业的企业根据自身的市场定位而制定的不至于造成市场竞争的定价方法，同样不适合高端珠宝品牌。顾客导向定价法包括理解价值定价法和需求差异定价法。理解价值定价法是根据消费者所理解的某种商品的价值，或者说根据消费者对产品价值的认识程度来确定产品价格的一种定价方法；需求差异定价法是同一产品为适应不同顾客需求而采用不同价格的定价方法。在这里，同一产品的价格差异，并不是因产品成本不同引起的，而主要由消费者需求的差异性所决定。高端珠宝除了具有商品材料价值和工艺价值外，更主要的还是背后的文化价值，因此，高端珠宝品牌的商品定价更适合理解价值定价法。

所谓"理解价值"，也称"感受价值"或"认知价值"，是指消费者对某种商品价值的主观评判。理解价值定价法是指企业以消费者对商品价值的理解度为定价依据，运用各种营销策略和手段，影响消费者对商品价值的认知，形成对企业有利的价值观念，再根据商品在消费者心目中的价值来制定价格。高端珠宝品牌的核心价值不仅包含功能价值，还有情感价值和自我表达价值，只有让目标顾客理解这些价值，才能让目标顾客感觉"物有所值"，进而接受商品的价格。

理解价值定价法的关键是让消费者获得有关高端珠宝品牌商品价值的准确资料，如高端珠宝品牌背后的历史与文化定位、高档宝石的珍稀与难得、珠宝设计大师的名气与地位、首饰制作大师的精湛技术与工艺、品牌所代表的品位与消费本品牌商品的代表人物等，并让消费者理解、认同这些价值，只有这样，消费者才会接受高端珠宝品牌的商品价格。但事实上，认同和接受之间还是有一定距离的，还必须使消费者满意。如果消费者认同的价值低于商品的价格，消费者不会满意，自然不会产生购买行为；如果消费者认同的价值与商品的价格一致，即符合消费者的预期，消费者可能会产生购买行为，但不一定对品牌形成深刻印象；如果消费者认同的价值高于商品的价格，即超出消费者的预期，在其他条件具备的情况下一定会产生购买行为。所以，理解价值定价法一定要深度挖掘高端珠宝品牌的价值，使之符合或超出消费者的预期。

第四节 高端珠宝品牌的商品价格管理

珠宝首饰种类繁多，质量差别较大，但高端珠宝品牌产品选用的宝石必须是同类宝石中最顶级的。影响珠宝首饰定价的因素变化多样，但并没有一般商品的定价那样复杂,因为它们获利的路径和市场竞争程度并不相同。所以,高端珠宝品牌的商品价格管理主要应集中在品牌成长的不同时期商品价格水平的制定和消费者对商品的价格认同和接受程度上。

一、品牌投入期的价格管理

高端珠宝品牌的投入期是指品牌刚进入市场的时期。这时,消费者对品牌并不了解,需要企业投入一定的资金从事品牌推广,在消费者认识高端珠宝品牌的同时也了解商品的价格定位。它要求企业在从事品牌推广之前要做好细致的市场调研工作,了解企业定位的目标客户群体的品牌偏好、追求的利益是什么,在此基础上确定高端珠宝品牌的商品价格水平。这个过程是非常重要的,如果在品牌进入期商品价格定得太低,一方面表明管理者对品牌的不自信,另一方面也决定了品牌未来的赢利能力不强。相反,如果在品牌进入期商品价格定得太高,尽管消费者会从令人咋舌的价格上感受到商品的质量、工艺、品位的与众不同,甚至为之肃然起敬,但消费者经过理性的思考可能会认为质价不符。所以,高端珠宝品牌在进入市场之前一定要做好品牌调研,搞清楚目标客户群体追求的核心价值,在品牌推广期注重提炼和推广品牌的核心价值。只有消费者认同的品牌核心价值与价格吻合时,高端珠宝品牌的商品价格才是有效的价格。

二、品牌成长期的价格管理

在品牌成长期,高端珠宝品牌的品牌形象已经确立,在市场上已经有了一定的知名度,这时的价格管理重点是建立消费者的信心,从多层次、多角度发掘与高端珠宝品牌定价相适应的价值,吸引更多的认同品牌价值的目标客户群体前来购买,以优质的服务增加客户的满意度,并通过他们的口碑效应提升品牌的美誉度。为了建立和提振消费者的信心,可以适当提高商品的定价,让他们觉得之前的选择是正确的,购买的商品是物有所值的。但是要注意,以发掘价值为基础的高端珠宝品牌的商品定价的目的并不是简单地寻求顾客满意,而是要提振消费者对品牌的信心。适当的提价也不是简单地让消费者感觉到物有所值,而是让他们对高端珠宝品牌的商品保值增值有所期待。事实上,如果客户或相关群体继续购买提价后的商品,企业还是可以以原来的价格出售,但绝对不是为了扩大销售额,而是为了通过一种折扣形式使客户满意,让他们的那种"占便宜"的心理得到满足。

这一阶段价格管理的另一项任务就是要对商品进行细分,对满足不同需求的商品按照需求的满足程度进行差别化定价。如质量相同的宝石在不同设计风格上的商品价格差别化(如图6-3卡地亚奢华风格与图6-2简洁风格的三色金戒指),相同款式的首饰在材质上不同而导致的价格差别化(如图6-2中款式相同但材质的重量有差别),商品的制作工艺、奢华程度、文化品位等不同导致的价格差别化等。这些商品在成本上也许有所不同,但它们在价格上的差异并不完全反映成本之间的差异,主要区别在于需求的不同。总之,这一阶段不能把价格作为购买者支付意愿的反映,而要从品牌的历史、品牌文化、品牌所代表的品位等方面深度挖掘品牌价值,使购买者从这个品牌的载体——商品上发现高于价格预期的价值,进而愿意为价格买单。

图6-3 卡地亚 Trinity 系列三色金戒指(奢华风格)

高端珠宝品牌采用差别定价,首先要求品牌有良好的品牌形象和一定的知名度,消费者能够将商品与高端的品牌定位、厚重的品牌文化联系起来。其次,在质量大体相同的条件下实行差别定价是有限的,尤其对于定位为"质优价高"形象的高端珠宝品牌来说,必须支付较多的广告、包装和售后服务方面的费用。因此,在品牌成长阶段,加大品牌宣传,深度挖掘品牌的内涵,做消费者满意的品牌,仍然是品牌运营的核心。因为只有这样,消费者才能认同品牌,认同品牌的核心价值,进而才能接受高端珠宝品牌的商品价格。

三、品牌成熟期的价格管理

随着企业品牌推广力度的加大,高端珠宝品牌会进入成熟期。此时品牌形象业已建立,已经在目标客户群体中形成广泛的知名度和稳定的市场占有率,这时价格管理的重点应该是建立稳定的价格体系,通过为老客户提供高品位的服务增强他们的忠诚度,让他们继续通过口碑传播带来新的客户。

所谓建立稳定的价格体系,是指通过品牌投入期和成长期对高端珠宝品牌商品价格定价规律的探索，多数商品的价格会形成一个稳定的价格范围，当市场供求关系发生变化时，价格的调整尽可能向增强消费者信心的方向变化，即当供应增加、价格下降时，尽可能不降低商品的价格，以免让老客户产生心理落差；而当供应减少、价格上升时，适当调高商品价格，让老客户觉得他们以前买得合算，让新客户觉得现在不买就可能错过机会。

为了维护老客户，品牌可以某种方式进行回馈，如积分返点、提供优惠等。但是，当以折扣的形式为老客户提供优惠时，一定要有一个度，或者说，要遵循一定的折扣原则。要知道，当以价格折扣作为激励消费的手段时，消费者对折扣的要求可能是品牌永远满足不了的。老练的消费者精于讨价还价之道，一般是不会将自己的支付意愿坦诚相告的。一旦买主意识到商品的价格并非铁板钉钉，他们就会由于利益驱动将某些真实的信息隐藏起来，甚至可能有意误导销售人员作出对他们有利的折扣承诺。更主要地，营销的根本任务在于通过对品牌的质量、工艺、设计、文化、品位等特色的介绍，让消费者认识到购买高端珠宝品牌商品所能获得的利益，切身感觉到基于品牌的核心价值的商品定价符合或超出他们的预期。要设法使消费者认识到高端珠宝品牌的核心价值，并向其他消费者宣传这种价值。

总之，在价格问题上，高端珠宝品牌一定要像奢侈品品牌那样，决不低下高傲的头。对那些一味要求打折的消费者，要坚决地拒绝他们。

第七章 高端珠宝品牌传播

品牌传播是通过各种传播方式将品牌信息传递给消费者,与消费者进行交流,从而形成消费者对品牌的好感,延续其购买此品牌的欲望,从而促进销售,实际上就是企业以品牌的核心价值为原则,在品牌识别的整体框架下,选择广告、公关、包装等传播方式,将特定品牌推广出去,以建立品牌形象,促进市场销售。可以说,无论是新品牌的诞生,还是老品牌的维护,都有赖于良好的传播沟通,没有传播沟通,就没有品牌。对于高端珠宝品牌而言,品牌传播更是市场制胜的关键。

20世纪90年代初期,美国营销学家唐·舒尔茨等人提出整合营销传播理论,其核心观点是企业应整合各种不同的传播工具,通过不同的媒体、传播技术和行销活动,将相同的品牌信息统一传递给目标消费者,以增强品牌诉求的一致性和完整性,即"一个主张、一个声音"。整合营销传播理论实质上也属于品牌传播的范畴,强调整合各种资源进行统一的品牌宣传,使品牌传播效果最大化。

第一节 高端珠宝品牌传播经典元素

经过岁月的历练与磨砺,高端珠宝品牌始终处于珠宝行业中的顶端地位,高端珠宝品牌在进行品牌传播的过程中也形成了它们特有的、有一定借鉴意义的品牌传播策略。大部分高端珠宝品牌都需要一个长时间积累沉淀的过程,这一过程可能是十几年、几十年,甚至有可能需要几百年。在这漫长的品牌演变进程中,经典的品牌传播元素是企业精神传递的有效载体,是品牌流芳百世、百年传承的源泉。传播元素往往始终如一地传递着企业精神,它一旦确定就不会轻易改变,并渐渐和品牌相互融合,最终演变成为能代表品牌的标志性旗帜,展现出一种品牌的独特经典元素,成为高端珠宝品牌的形象代言。经典元素往往包含如下6个方面。

1. 品牌创始人命名

生活中的一些成功者，或者企业本身的创立者，他们的名字便具有一定的知名度或特定含义，完全可以借用为品牌名称。在高端珠宝领域，很多著名的顶级珠宝品牌也是以创始人自身名字为品牌命名，例如：梵克雅宝、江诗丹顿以及卡地亚等。虽然不能说所有高端珠宝品牌的创始人都是商业中的奇迹、事业上的伟人，但是，在制作产品、创建品牌之初，他们往往都有自己的理念，希望实现自己的价值观。因此，在高端珠宝品牌创立之初，其创始人往往将自己的价值观寄托于所创立的品牌，因此也常常用自己的名字命名品牌，以传递一种独有的精神和追求。

2. 品牌标志体现企业理念与精神

品牌标志属于视觉语言，通过图案、造型等向消费者传播关于该品牌的诸多信息。品牌标志能够创造品牌认同、品牌联想和消费者的品牌偏好。因此，一个好的品牌标志往往能够在极大程度上提升品牌在消费者心中的地位，并有效地增强品牌价值。在创建品牌的过程中，高端珠宝品牌不仅会考虑到品牌标志的设计及对消费者的影响，还会将创始人的理念、企业精神体现在品牌标志上，以达到品牌标志与企业的完美融合，从而塑造出寓意高贵的符号形象。因此，多数高端珠宝品牌的标志往往不单单是品牌的识别符号，也是创始人理念、企业精神的展现，更是身份地位、高贵品位等的象征。

3. 独特的品牌个性

高端珠宝品牌在传播中的一个重要特点就是个性鲜明，强调与众不同。鲜明的个性和独特的风格是高端珠宝品牌最为关键的要素，比如梵克雅宝风靡全球的幸运四叶草系列、卡地亚高贵优雅的猎豹系列等。在每一年最新的流行产品中，总是能够找到品牌的核心个性，让消费者产生独特的情感联结和个性认同。很多品牌甚至不惜以手工定制作为个性化的表征。例如，梵克雅宝每一件珠宝产品的设计与制造都是在位于巴黎及纽约的作坊中由超过 60 位的顶级珠宝设计师和工匠负责。在高端珠宝品牌中，卡地亚追求着皇室血统，施华洛世奇追求着高贵优雅，蒂芙尼追求着美和浪漫，潘多拉追求着神秘个性化。它们独具匠心，各显其能。正是因为品牌的个性化，才更显示出其尊贵的价值，才为人们的购买创造了理由。

4. 品牌包装延续经典风格

品牌包装能够直观地传播品牌形象并突出品牌个性，是消费者直接接触的产品的一部分。如果品牌包装既符合企业形象与品牌形象，又能够很好地传递企业精神，那么它不仅能够增强产品在消费者心目中的地位，还能丰富品牌联想，提升品牌价值。高端珠宝品牌不仅使用符合其高贵地位的品牌包装，而且会将优秀的包装或者包装的某一个优秀组成部分坚持并延续下来。一旦确定某种经典包装符号，高端珠宝品牌便不会随意改变，直至将其与产品、与品牌理念融为一体，形成独特的品牌识别与品牌联想，从而缔造出真正的经典，维持消费者的品牌忠诚度。

5. 品牌传播内容故事化

每一个高端珠宝品牌背后都有许多生动有趣的故事，正是这些故事给品牌形象加上了一圈美丽的光环。借助这些故事的广泛传播，品牌在消费者心目中的美誉度扶摇直上。这正是企业催生了品牌，品牌产生了故事，故事又通过形象力反过来成全了企业。高端珠宝品牌因其悠久的历史而具有独特的神韵，更因其奢华的产品和服务而与普通品牌不同，往往拥有丰富的故事来源。高端珠宝品牌采用品牌叙事化策略，用高调的方式，全方位地叙述品牌的传奇，缔造品牌神话，让消费者佩服、仰慕、欣赏。消费者走进高端珠宝品牌的故事中时，会不由自主地被品牌吸引，即使不是品牌的主要消费对象，同样也可以培养起对品牌的忠诚度。高端珠宝品牌传播最大的成功之处正是在于将品牌创建过程中所有的细节挖掘出来，通过讲故事的形式，运用口碑传播等方式将这些故事有效地传递给顾客，用一个又一个故事打动无数个顾客，从而拓宽顾客对品牌的联想，塑造品牌价值。从某种意义上说，正是这些品质细节故事建立了高端珠宝品牌在消费者心中无与伦比的高贵形象，大大提高了消费者的品牌忠诚度。

6. 品牌传播方法距离化

高端珠宝品牌在传播的过程中，与普通品牌最大的不同点在于拉开与受众的距离，而非拉近距离。当然，这些受众指的是大部分的普通受众，而不包括其目标顾客。高端珠宝品牌属于"多数人梦寐以求，少数人才能拥有"的定位，对于大部分普通受众来说，其高昂的价格往往遥不可及，而这种遥不可及产生并营造了一种距离感。一方面，高端珠宝品牌的距离感虽然使得普通受众只能对其品牌充满幻想，但也从侧面确立了它在普通受众心中高高在上的地位，使之成为普通受众的一个梦想而大大拓展了品牌联想，有利于提高品牌知名度与忠诚度。普通受众即使因为经济原因没有能力购买这些高端珠宝品牌的产品，但他们仍拥有强烈的购买欲望。另一方面，高端珠宝品牌拉开了与普通受众的距离，也就拉近了与目标消费人群的距离。高端珠宝品牌的目标消费人群往往是那些拥有金钱和地位的人，甚至包括各国的王公贵族、国家首脑，因此只有与普通受众拉开距离才可能维护品牌的奢华形象与高贵地位，从而告诉目标消费者高端珠宝品牌确是高贵的、与众不同的，这样才更能够彰显他们的地位和身份。

第二节 高端珠宝品牌的广告策略

广告在品牌传播的过程中常常起着重要的作用，它不仅可以使品牌在短时间内建立较高的知名度，而且为品牌联想提供了空间，并且树立了品牌个性。对于高端珠宝品牌而言，广告在其品牌传播的过程中占据着非常重要的地位，广告策略主要包含以下内容。

一、广告内容极致化

高端珠宝品牌作为珠宝行业的顶尖存在，在品牌传播的过程中需要极致化的表现，这主要体现在广告的内容上。以卡地亚为例，一方面，高端珠宝品牌广告内容的极致化体现在代言人的选择上。高端珠宝品牌为了维护其高贵形象，不会轻易请形象代言人，但是如果有形象代言人，这个人的身份和气质一定要与品牌形象相符，而且必须是享誉全球的明星或名人。另一方面，高端珠宝品牌广告内容的极致化还体现在其创意表现上，如卡地亚的真爱钻戒广告中，不仅场景、服饰、道具做到了极致化，其感人至深的真爱故事创意更是将广告表现推向高潮。在创意极致化的同时，卡地亚的品牌广告中文字相当简洁，仅仅在片头和片尾作为点缀出现，平面广告常常只出现品牌名字或简单的释义，不会破坏广告故事创意的极致美感。

二、广告投放集中化

高端珠宝品牌的目标消费群特点突出，相对集中。因此，高端珠宝品牌不会像其他品牌那样进行广告轰炸，而只会针对其特定消费群进行有目的而精确的集中化投放。普通受众不能轻易而频繁地看到高端珠宝品牌的广告，也在一定程度上增强了品牌在他们心中的神秘感与距离感。另外，高端珠宝品牌的广告在媒体选择上也更多地倾向于针对特定消费群的杂志，而较少选择电视或广播。因为相比于电视与广播而言，专业杂志的目标受众更加清晰，针对性更强，更加有利于高端珠宝品牌的有效传播。

高端珠宝品牌的目标消费者往往是地位较高、收入较高、品味较高的一批人，他们所接触的媒体也往往处于高端地位。高端珠宝品牌为了达到最优化的传播目的，往往选择高端媒体，也从侧面维护了其高端形象。在杂志上，高端珠宝品牌往往占据了《中国企业家》《环球企业家》《财经》《HOW》《瑞丽》等中高端杂志价格最贵的版面。例如，《芭莎珠宝》上就经常汇集了迪奥、香奈儿、卡地亚等多个高端珠宝品牌的广告，而且这些广告几乎都刊登在杂志较好的广告版面上。

三、塑造明星顾客

高端珠宝品牌的许多顾客都是明星，甚至是王公贵族，而高端珠宝品牌的高明之处在于往往能够充分利用这些明星顾客的影响力使其宣传效果达到极致。例如：宝格丽始终是各大明星最偏爱的高端珠宝品牌。作为全球奢侈品市场的领头珠宝商之一，宝格丽与明星之间的合作源源不断。早期的伊丽莎白·泰勒、索菲亚·罗兰等明星都是宝格丽的簇拥者；如今的妮可·基德曼、莎朗·斯通、杨紫琼、查理兹·塞隆都十分青睐宝格丽。1962年7月27日，意大利影星索菲亚·罗兰因凭借自己在影片《三艳嬉春》中的出色演技获得当年的奥斯卡金像奖。当她接过小金人的时候，脖子上佩戴着一串由钻石、红色宝石与蓝色宝石镶嵌的宝格丽项链。在那些艳羡的目光中，这串造型优美的项链毫不逊色于索菲亚手中的小金人。而在1964年，索菲亚的宝格丽宝石项链被盗时，这位拥有众多珠宝的意大利美人当即泪流满面，心痛不已。在高端珠宝品牌发展的历程中，口碑传播起着更加重要的作用，在不断的发展中，高端珠宝品牌获得了更多成熟的方法，通过明星顾客的光环效应，使口碑传播的效果达到最大化。

四、打造服务艺术

高端珠宝品牌的另一个重要元素是其精益求精的品牌服务。高端珠宝品牌的目标顾客是一群处于社会金字塔顶尖的成功人士。服务为高端珠宝品牌与顾客之间的直接沟通交流提供了机会，在此过程中，高端珠宝品牌通过精益求精的服务进一步地提升品牌形象与品牌认知，塑造品牌价值。正是看到了服务对于品牌传播的重大作用，高端珠宝品牌除了尽可能为顾客提供品质上乘的产品外，也为顾客提供贴心的服务，打造服务艺术。不论是与顾客直接接触的品牌销售人员还是企业内的其他职员，都可以成为品牌传播的中介。如果企业中的每一个人身上流露出的都是他所在企业的品牌性格，那么他就会成为企业流动的形象代言人。例如，宝格丽在全球拥有210多家专卖店，随时准备为经常全球旅行的明星们乃至世界各地举办的重要盛事提供服务。根据要求，宝格丽的珍贵珠宝通过专卖店网络四处展出，供明星们出席全球的重要仪式或拍摄活动时使用。由珠宝专家组成的宝格丽团队参与各大电影节，包括威尼斯电影节、戛纳电影节、罗马电影节，当然还有金球奖和令人期待的奥斯卡电影节，为那些希望在这些特殊的夜晚佩戴珍贵、非凡、独特珠宝的明星们服务。

五、选择繁华地段的奢华终端

在产品销售的过程中，终端店铺是全面展示产品个性、品牌形象和企业形象，并直接与顾客交流的平台场所。因此，在品牌传播的过程中，终端展示的好坏往往直接影响消费者对品牌形象的认知。高端珠宝品牌一般不会轻易开店以扩展销售网络，但一旦决定开设新店，就会在店面的地址选择与布置上力求完美。为了维护其高端、奢华的形象，抓住有经济身份地位的目标消费群，高端珠宝品牌往往会选择当地最繁华、最高档的地方设置终端店面。一方面这些高档场所符合高端珠宝品牌的形象，另一方面这里也是成功人士的聚集之地，能够使品牌更加精准地面对目标消费群。

第三节 高端珠宝品牌的公关策略

品牌公关是指企业在从事市场营销的过程中，正确处理企业与社会公众的关系，以便树立企业的良好形象，从而促进产品销售的一种活动。公关活动在品牌传播的过程中不仅能够有效地提高品牌知名度、树立良好的品牌形象，而且当出现危机事件时，有效的公关往往能将品牌从危机中解救出来。对于高端珠宝品牌来说，公关活动不仅是它们常用的品牌传播手段，更是其树立高端形象、提高品牌知名度、培养品牌人情味的重要途径。在采用公关策略时，高端珠宝品牌不仅使用传统但极尽奢华、富有创意的发布会，充满文化气息与人情味的公益活动，更善于利用体育与电影的影响力。

豪华盛大的周年庆典活动、尊贵细致的会员俱乐部活动、一掷千金的慈善公益活动、隆重铺张的旗舰店剪彩仪式、万众瞩目的新闻发布会、极尽浪漫的品牌传奇演绎、星光璀璨的颁奖典礼、令人咋舌的明星炒作等，本已完美无瑕的高端珠宝品牌，因精彩的公关活动而有了无限丰富的外延。成功的高端珠宝品牌公关策略不仅仅注重形式上的新颖，更会通过对点滴细节的把握，将高端珠宝品牌独特的品牌符号、品牌文化、品牌内涵有效地展示出来，并尽可能得到大多数人群的认同，在特定时间、特定距离给消费者带来一种独特的享受。

一、大型发布会——地点大、规模大、创意大

高端珠宝品牌之所以能够存在几十年甚至上百年，一方面是因为品牌在发展的过程中创造了无数经典并不断坚持，形成了各自独特的风格与品牌识别；另一方面，它们总是跟随时代发展的潮流不断创新。而每当有新品推出，或进入一个新的市场，或有重大事件时，高端珠宝品牌总会举行大型发布会。这些发布会往往隆重而又奢华，有时看似简单又创意无限，总是吸引无数的媒体竞相报道。例如，早在1820年，瑞士名贵钟表品牌江诗丹顿就曾与中国结缘，1860年咸丰皇帝还特意向江诗丹顿订制了一只蓝色珐琅装饰的怀表，后来故宫博物院又收购过两只江诗丹顿的钟。于是，当江诗丹顿于1995年大举进入中国市场时，就打出了"江诗丹顿重返中国"的口号，并将新闻发布会的地址瞄准了故宫博物院。由于过去和故宫博物院的一段渊源，此前从未做过商业活动的故宫为此破例。故宫作为中国传统文化的宝库，其特殊的象征意义与江诗丹顿厚重的文化底蕴正好吻合。这一场公关活动着眼于对品牌历史的挖掘，通过对故宫平台的运用，完美地体现了江诗丹顿的品牌理念和底蕴。

二、文化公益活动——奢华之外的文化光环

高端珠宝品牌除了提供高品质的产品外，还能给顾客带来情感上的满足。高端珠宝品牌也常常通过文化公益活动树立良好的品牌形象，在奢华之余不忘提升其文化品位，从而提升其在顾客心目中的影响力。

例如，江诗丹顿为提升品牌的影响力，先后在世界各地开设多家博物馆。这些具有多重意义的博物馆空间除了向访客们展示一系列珍贵的古董计时作品和18世纪钟表工作坊的情况外，也在向人们讲述着那些创造江诗丹顿历史和未来的人的故事。那些故事只要有人愿意讲，就会有人愿意听，再加上传奇性的演绎，江诗丹顿品牌背后的故事已经成为其公关活动有效传达品牌文化、品牌内涵不可或缺的一部分。

作为世界顶级珠宝商，卡地亚在文化公益活动上也倾注了大量的精力。2004年，卡地亚携手上海博物馆，举办了"卡地亚艺术珍宝展"，其媒体策略非常明确，即品牌建树和展览告知，把媒体作为关键的影响力来对待，信任媒体，配合媒体，尽可能提供媒体所需要的全部信息，在展览前两个月就于北京和上海两地分别召开了新闻发布会，除了为重要媒体安排特殊活动以外，还给二线城市未能到场的媒体分别寄送新闻稿和持续两个月的活动进程情况资料，所有媒体齐心合力共同营造出一种"这个世界上最为壮观的展览即将到来"的隆重登场感。期间卡地亚内部新闻中心也在努力跟媒体沟通，通过安排媒体采访点、官方网站、媒体导图等看似细小的环节，尽可能让媒体感受到展览前营造氛围、展览时跟踪报道、展览后深度报道的重要性并提升媒体对卡地亚这个品牌和档次的认知，然后通过媒体再去有效地影响消费者。最后据卡地亚的统计资料显示，从2月活动预热到10月活动全部结束，在这8个月中，卡地亚成功吸引到报纸、杂志、网站、广播、电视等共449家大小媒体并做了有效报道，折合广告价值超过3400万元人民币。

三、体育赛事赞助——精准营销手法

体育活动是全人类共同的语言，更是将全世界人们联系起来的纽带。因此，体育赛事在全球范围内都具有极强的影响力。高端珠宝品牌正是看到了这一点，积极运用体育赛事的力量来提高品牌知名度与影响力。高端珠宝品牌赞助的赛事往往都是最具有关注度而又与品牌产品贴合，能够完美传播其产品的

体育活动。它们不仅赞助体育赛事，借用体育明星的影响，还常常抓住时机借重大赛事创造相关活动。例如，第一次世界大战结束后的1926年，劳力士推出了世界上第一只防水防尘表，即著名的劳力士蚝式表。1927年，当得知一位英国著名女游泳运动员即将挑战单人横渡英吉利海峡的消息后，劳力士公司随即赠给她一只劳力士新发明的蚝式防水手表，并派遣采访和摄影记者全程纪录整个挑战过程。在水中整整浸泡了15个小时后，那只劳力士表仍旧分秒不差，运转如常，令在场的观众及各地媒体都惊讶不已。当时，这件事被英国媒体称为"制表技术最伟大的胜利"。从此，劳力士蚝式防水表在世界上流行起来，也奠定了劳力士公司在手表防水技术上的领先地位。劳力士这场和体育探险活动相结合的宣传造势活动，也被誉为20世纪最成功的天才营销手法。

四、电影借势——巧妙的软传播

借势就是指在真实的、不损害公众利益的前提下，把某些事件、人物、传说、影视作品、社会潮流、传统节日等社会热点对公众的吸引力和影响力，巧妙地和公关活动目标结合在一起，制造公关活动的看点，以达到提高品牌知名度、扩大品牌社会影响力的目的。其中，电影借势又成为了近年来企业常用的公关传播方法。因为随着电影事业的不断发展，电影已经成为了人们业余文化生活不可缺少的一部分，并对人们的生活和思想产生着巨大的影响。高端珠宝品牌也看到了这一点。高端珠宝品牌因其奢华形象与完美品质常常成为电影邀请的对象，而高端珠宝品牌所选择的电影也常常是著名导演及演员参与的电影。另外，高端珠宝品牌的产品不仅是电影中的道具，更常常对剧情的发展起着重要的作用。因此，电影为高端珠宝品牌带来声誉的同时，高端珠宝品牌也为电影增加了看点。例如，2007年最受瞩目的电影《色·戒》不仅捧红了女星汤唯，也让卡地亚的知名度在更广泛的人群中得到迅速提升。在电影中充当重要角色，并推动剧情发展的那枚戴在女主角手上的耀眼夺目的钻戒正是卡地亚的珍藏珠宝之一。因为剧情需要，导演李安等创作人员找到了卡地亚公司，卡地亚也欣然提供了这枚钻戒。电影上映后，卡地亚在第一时间展出了这枚钻戒，吸引了众多观众观看。

除了电影植入之外，高端珠宝品牌还可以通过和电影节的合作来扩大知名度。例如，1956年，宝格丽率先为意大利电影金像奖设计制作奖杯，其中的人像雕塑完全采用18K黄金制作，当年由吉娜·劳洛勃丽吉达凭借她在影片

《全世界最美丽的女人》中的演绎获得。1959年,奖杯仍然由宝格丽创作,颁发给玛丽莲梦露(这座奖杯目前属于宝格丽私人古董收藏)。之后几年,伊丽莎白·泰勒也获得了这个奖项,在颁奖仪式上,她佩戴着私人所有的珍贵宝格丽珠宝。她对宝格丽珠宝的爱恋多年来被人们反复传颂,更写进了她2002年出版的《我与珠宝的情事》一书中。2005年4月28日,在意大利电影金像奖"最佳意大利与外国电影制作奖50周年"庆典上,宝格丽创作了两款金质特殊奖杯,其中一款授予意大利总统卡洛·阿泽利奥·钱皮,表彰其对意大利电影业持久慷慨的关注;另一款奖杯则是专门为汤姆·克鲁斯特别创作。

高端珠宝品牌如此热衷于大型的公关活动,很大程度上是由高端珠宝品牌的总体媒介策略所决定的。高端珠宝品牌的营销策略不是简单地做好广告宣传就好,仅仅依靠狂轰滥炸的广告投入,这对于高端珠宝品牌来讲,是一种极大的浪费。大多数成功的高端珠宝品牌更倾向于高品位的顶级客户公关营销,在保持低调的同时,又能够恰到好处地传递出品牌精神和奢侈品味。因此他们更倾向于利用一些特殊的活动维护好与目标客户长期的友好关系,并在目标顾客的圈子中进行有效的口碑传播。高端珠宝品牌通常不依赖于常规的媒体广告,或是对零售终端的生动化情有独钟,或是对非常规的赛事活动有着独特偏好,因为高端珠宝品牌的传播理念是"好的产品自己会说话",坚持"低调"会让品牌更"奢侈"。

第四节 高端珠宝品牌传播案例分析——蒂芙尼

1837年,查尔斯·路易斯·蒂芙尼在美国纽约第五大道与57街交叉口创办了蒂芙尼公司。它制定了一套自己的宝石、铂金标准,并被美国政府采纳为官方标准。时至今日,蒂芙尼已成为全球知名的高端珠宝品牌之一,其蓝色礼盒更成为美国洗练时尚风格的标志。

一、创始人家族的故事

高端珠宝品牌一般都拥有具有传奇色彩的创始人,其精神气质也成为品牌文化的基础。蒂芙尼的创始人是美国康涅狄格洲一位磨坊主的儿子查尔斯·路易斯·蒂芙尼,于1837年来到纽约百老汇,开设了一家不起眼的小铺子,经营文具和织品,后转为经营珠宝首饰,最后成为美国首屈一指的高档珠宝商店——蒂芙尼珠宝首饰公司,其实力堪与欧洲的珠宝王朝一争高下,名声甚至直逼"巴黎的皇冠"卡地亚。到 19 世纪末,蒂芙尼的顾客中包括英国维多利亚女王、意大利国王以及丹麦、比利时、希腊和美国众多名声显赫的百万富翁。查尔斯自己则赢得了"钻石之王"的桂冠。

查尔斯确实是一位天才的生意人。当年美国穿越大西洋的电报电缆中有一根因破损需要更换,他得知这个消息后,毅然买下了这根电缆。人们还在以惊异的目光看着他买下这根电缆,琢磨着他到底想派什么用场之际,他已经在自己的蒂芙尼商店里,把电缆截成 2 英寸长的小段,作为历史纪念品出售,就这样赚了一大笔钱。另一次,他买下了欧仁妮皇后珍奇的鲜黄色钻石,但并不急于出手,而是从容地在纽约举办了一个展示会,从全球各地蜂拥而至急于一睹这件稀世珍宝风采的参观者身上赚进了几十亿美元。

蒂芙尼是家族传承企业,第二代接班人路易斯·康福特·蒂芙尼生于 1848 年。他虽不具备父亲独有的销售魄力,但同样富有创造精神。蒂芙尼的首饰设计工艺在他的手里得到了发扬光大。他到巴黎学习后,成为一名玻璃制品专家,创建蒂芙尼工作室并发明了独一无二的螺旋形纹理和多面形钻石切割工艺,使钻石闪烁出更加夺目的光彩,他设计的灯饰也大获成功。之后,蒂芙尼成为美国新工艺的杰出代表,并使美国工艺品成为风行一时的商品。

二、独特的品牌传播理念

蒂芙尼的品牌传播并不以尊贵、皇室、奢华为核心,而是以艺术设计感为核心。蒂芙尼的品牌宣传理念为:出色的设计是精致生活不可或缺的一部分,它们赏心悦目,令人陶醉。衣食住行等各项元素终究是以设计的价值来衡量优劣。卓越的设计并非无谓的奢侈,也不是轻浮的夸耀,而是能真正地震撼心灵。它传承着人类社会的文化,具有永恒的价值。

自 1837 年成立以来,蒂芙尼一直将设计富有惊世之美的原创作品视为宗旨。事实证明,蒂芙尼珠宝不仅能将恋人的心声娓娓道来,其独创的银器、文具和餐桌用具同样令人心驰神往。"经典设计"是蒂芙尼作品的定义,也就是说,每件令人惊叹的蒂芙尼杰作都可以世代相传。1974 年,艺术家珀雷蒂开始为蒂芙尼设计珠宝,她从骨头、咖啡豆等天然物品中获得灵感,设计了一种价格不高却精美出众的项链,并以此向仅为富人设计宝石的陈旧观念挑战,之后,她又设计了蒂芙尼的经典作品镂空鸡心形项圈,畅销长达 20 年之久。

1981年，帕洛玛·毕加索成为蒂芙尼的第三代设计师，她仍奉行非神秘化的设计宗旨，创作的饰品造型非常简洁——随意的十字架，或者看似漫不经心的波形曲线等。蒂芙尼的设计从不迎合起起落落的流行时尚，因此它也就不会落伍，因为它完全凌驾于潮流之上。蒂芙尼的创作精髓和理念皆焕发出浓郁的美国特色：简约鲜明的线条诉说着冷静超然的明晰与令人心动神移的优雅。和谐、比例、条理，在每一件蒂芙尼设计中都能自然地融合并呈现出来。蒂芙尼的设计讲求精益求精，它能随意从自然万物中获取灵感并撇下繁琐和矫揉造作，只求简洁明朗。

在漫长的岁月里，蒂芙尼这个珠宝世家成为艺术时尚的象征，正如路易斯·康福特·蒂芙尼有句话说得好：我们靠艺术赚钱，但艺术价值永存。

三、经典品牌包装

蒂芙尼独具匠心地采用了知更鸟的蛋的蓝色，代表爱情和幸福。每当人们看到那使人心悦的经典蓝色包装盒便立刻会想到美轮美奂的蒂芙尼珠宝，独特的蓝色已经成为蒂芙尼的代表色。1837年蒂芙尼公司成立后不久，他们就选择了这种独特的蓝色，作为公司卓越品质和精巧工艺的标志。这款颜色被广泛运用在蒂芙尼的包装盒、产品目录、购物袋、宣传册、广告以及其他的推广资料上，从而成就了闻名于世的"蒂芙尼蓝"。蒂芙尼蓝色包装盒和包装袋流转于闹市与客户们的手中，向人们表达着高雅、尊贵和来自大自然的恩赐，而这些正是长久以来蒂芙尼设计的灵感源泉。早在1906年，纽约《太阳报》就报道过：蒂芙尼的货品中有一样东西是只送不卖的，那就是他的盒子。该公司严格规定，除非里面装着他们所卖出的货品，否则印有"Tiffany"字样的盒子不能带离该公司，以表示蒂芙尼对其货品负责任的态度。

四、蒂芙尼的广告策略

蒂芙尼公司主打差异化的产品，以自身独特的产品作为品牌传播的基础。比如，该品牌发明了著名的六爪镶嵌法。这种镶嵌工艺不仅能使钻石最大化地裸露以展示其美感，还可以让钻石镶嵌更加牢固与坚实。时至今日，六爪镶嵌钻饰依然是众多珠宝爱好者的至爱，其经典的皇冠造型历经时间磨炼却光辉依旧，是订婚钻戒镶嵌的国际标准。此外，纯银螺丝球钥匙扣也是蒂芙尼的经典之作，它线条简洁，华美实用，一直是最得人心的馈赠佳品。

如果说蒂芙尼精湛的工艺为其发展奠定了坚实的基础，那么奥黛丽·赫本主演的电影《蒂芙尼的早餐》则将蒂芙尼的品牌精神推至了巅峰。1961年，这部根据卡波特小说改编而来的电影，成为美国电影中的经典之作，而蒂芙尼在片中的出现，令这家世界级珠宝名店的高贵气派传遍全球。在影片中，奥黛丽·赫本扮演性格怪僻的拜金女霍莉，她身着一袭纤瘦的黑衣，颈上戴着假珠宝项链，手里捧着面包圈痴痴地凝望着纽约第五大道蒂芙尼专卖店玻璃窗里的世界：那是一个拥有真珠宝项链和蒂芙尼早餐的世界，是一个更幸福、更奢华、更绚丽的世界。毋庸置疑，赫本天使般的容貌与纯真优雅的造型是当时所有爱美女士的榜样，通过这部电影，蒂芙尼成功地借助赫本的形象抓住了每个女人的心。

植入性广告是在非广告时段、空间利用媒体的特性推广宣传特定的商品或服务的一种广告方式，其营销美学原则是，通过不知不觉的植入形式，用背景等周边信息和符号体系等进行营销，而不是像通常的广告那样通过产品功能、产品信息或产品物理结构等中心信息来起作用。植入性广告的存在形式是无声无息，无处不在，无中心而又处处皆中心。蒂芙尼是植入型广告应用的鼻祖，通过借助赫本的知名度，蒂芙尼巧妙地将珠宝广告置于影片当中，使每一个爱美女性都感受到了蒂芙尼独有的魅力，从而使这场代言被完美演绎。

第八章　高端珠宝品牌的产品创新与管理

通常来说，产品是一个品牌风格的代表。现在珠宝市场产品同质化现象十分严重，随着人们消费水平的提高和审美观念的转变，传统的珠宝首饰已经满足不了消费者的需求。目前，珠宝行业已经进入深度调整期，很多珠宝企业开始变革，谋求出路。当谈到高端珠宝品牌的发展时，业内人士一致认为产品创新是核心。产品的创新是引领发展的第一动力，是激发珠宝产业可持续发展的核心力量，开发新产品不仅能为品牌注入新的活力，还能够满足消费者需求和心理预期，这是一种现实竞争力的体现。高端珠宝品牌的产品创新，不仅要关注材质，更要追求设计和巧思的突出，也就是以新工艺、新设计、新理念为核心进行产品创新。

本章将从高端珠宝品牌进行产品创新的意义和原则入手，了解高端珠宝品牌创新与大众品牌创新的区别，然后展示创新的相关流程，最后探讨产品创新和品牌自身内涵之间的关系。

第一节　产品创新的意义

随着社会的飞速发展和全球化进程的推进，无论是品牌公司本身还是目标消费者对产品设计的关注度都在加强。追求美好事物是人类的天性，从古至今，精美的珠宝首饰就被人们所向往和珍藏。现下人们的物质生活日益丰富，消费能力逐年攀升，消费者对事物的审美以及品质需求也越来越强烈，往日单一的珠宝首饰款式已经无法满足消费者的需求，诸如年轻群体对于具有个性化、时尚感、独特性等标签的首饰产品更青睐的现象慢慢在市场中浮现。受到媒体等各方面的影响，消费者的审美素质和对产品要求的提高都在促使着珠宝设计师不断创新产品，顺应当代设计发展的时代趋势来迎合消费者的需求。现阶段，高端珠宝品牌产品设计开始尝试更加丰富多彩的风格，为消费者提供更多的选择，满足他们的审美需要。如一直以高贵典雅为设计理念的香奈儿高级珠宝近年在其1932年就推出的COMÈTE系列中加入了多件不对称设计的耳环，其中一款一边是简约的五角星图案，另一边是双色长尾彗星交互的形态

(图 8-1)，它还采取了夹式佩戴的方式，使消费者可以根据自身喜好将耳环佩戴在任何位置。这一设计大胆突破了香奈儿传统珠宝的规范风格，向消费者诠释了多样化穿戴的美学。

图 8-1　COMÈTE 系列新款耳饰

对高端珠宝品牌来说，不管是单独发布一款新产品，还是推出一个全新的产品系列，都可以说是一个战略上的决策。高端珠宝品牌的管理者应该时刻认识到"我们曾经做过的、经常做的事已经趋于完美了，之后在新的设计领域，我们可以做到更好"，而不是抱有"我们在此之前完成的产品已经被超越，不再符合时代潮流，消费者不再想要这样的产品，才让我们开发新产品"这种消极心态。产品创新在品牌总体上呈现的是一种优势而不是弱势。新产品的发布，不是一味地去替代传统或经典产品，而应以比现有的产品更具创新性、更完善、更强大为目标，高端珠宝品牌需要尽力去丰富自身来保持并提高首饰产品的竞争力。

任何一个珠宝品牌的发展之路都不是一帆风顺的，不断创新、不断变化的产品是探索品牌发展方向及发展策略这条路上的一块关键垫脚石，合理的创新必然能为高端珠宝品牌的发展注入蓬勃的生命活力。

第二节　产品创新的原则

高端珠宝企业在进行产品创新前，应该考虑以下几个问题：现在的消费者到底需要什么？对于那些有需求购买我们产品的顾客（以及有可能购买竞争对手产品的顾客），他们对本企业现有珠宝首饰产品不满意的地方是什么？消费者对整个行业内的产品或者说解决方案，共有的不满意之处在哪里？

比如，意大利的著名珠宝品牌布契拉提（Buccellati），以与众不同的雕刻金银的方法、蕾丝风格和具有文艺复兴艺术光彩的简洁美而著名。但在2017年8月，这家意大利的珠宝商被中国刚泰集团收入麾下，不难理解刚泰集团通过收购世界知名珠宝品牌来进军高端市场的举措。在国内消费升级的环境下，珠宝行业正从"材料消费"向"品牌消费"转变，品牌、工艺、时尚、个性化等构成消费者购买珠宝时考虑的重要因素。因此，洞察消费者需求再进行产品创新才是最重要的，产品的创新，一定是要去匹配消费者现有或者潜在的需求。

在市场中，关于产品的第一条铁律是：绝对的产品力就是绝对的竞争力。在珠宝行业也是一样，具有吸引消费者的、有特色的珠宝首饰产品非常重要。珠宝产品的概念创新，就是更多地运用横向营销的思维，变可能为不可能，在原有珠宝产品的基础上创新。当生产消费者喜欢的珠宝首饰已变成千军万马过独木桥时，为什么不试试使消费者喜欢我生产的产品呢？这就是创新的力量。

《科特勒精选营销词典》中提到了企业决定销售何种产品的4种途径：①销售市场上已经存在的商品；②生产某些消费者需求的产品；③预测某些消费者将要需求的产品；④生产无人要求，但是会给购买者带来极大惊喜的产品。无论是以上哪一种情况，都可以在无法打造明显超越对手的绝对产品力的情况下，突破传统产品力的横向竞争，用匹配产品的崭新的概念诉求，对产品进行有效的销售。

一个产品如果长期不创新，最终会被人们遗忘，珠宝产品更是如此。那么进行产品创新，我们应该遵循什么原则呢？答案首先是"新奇感"，它是指通过一系列的方法，让消费者感受到产品的新鲜独特，从而产生体验的欲望。比如高端珠宝精品店通过橱窗展示珠宝，激起人购买的欲望，从而走进店里，欣赏一件件美好的珠宝首饰。

除了不断更新产品，还需要另外一个因素来刺激用户的体验欲望，那就是"熟悉感"。总结起来，一件产品通过创新刺激消费者得遵守这样一个原则，那就是"熟悉的新奇感"，让消费者了解、熟悉但是没有体验过的或者非常独特的感觉。"熟悉的新奇感"其实与旅游行业的底层原理相似，人类喜欢熟悉且新奇的事物。旅游，可以满足用户对于新事物的好奇心，激发其体验新的美景、新的食物、新的生活方式的动机。但是，如果携程给你推送一条"博茨瓦纳"旅行信息，你完全不了解，就算文案多么深刻，图片多么绚丽，都不会马上触动你，因为你对这个地方完全不了解，会让你产生"对未知的恐惧"。

最后一个重要的因素是"时间"。一般来说，保持流行和永久延续是作为奢侈品的必备要求。像卡地亚的王冠、梵克雅宝的项链等高级珠宝，百年的持有佩戴令人印象深刻，也使得产品本身高昂的价格看上去合理了。一件高端珠宝的价值会随着时间推移而不断提高，因此，高端珠宝品牌谋求产品创新时，一定要注重产品使用材料能长时间存在以及款式设计的细致独到，最好能形成贴合自身品牌形象的产品限定和要求。同时，"时间"因素还包括适应时代的要求。以曾经被誉为皇室御用银器供应商的奢侈品牌昆庭（Christofle）为例，随着社会的不断发展，皇室的日趋没落，该品牌下银质餐具的市场逐步萎缩。城市流动性的增强带动了"轻便生活"的理念，人们开始对简约风格的家居产生兴趣，同时快节奏的生活压力也使得银器的使用成本不再有竞争力。

第三节　产品创新的流程与管理

找准了上一节所讲的原则，那么投入到具体的创新流程时，高端珠宝品牌又该怎么做呢？这里，我们将回顾参考意大利著名珠宝品牌宝格丽的产品设计发展史。

1881年开始，宝格丽的创始人索蒂里奥·布尔加里在罗马销售银器。直到他1932年去世，银器店一直都处于产品模仿的阶段。对于当时刚成立不久的宝格丽来说，只有不断学习效仿他人、紧跟潮流才能谋求生存。

后来，索蒂里奥的两个儿子继承了宝格丽的事业，开始将热情投注到珍贵宝石中去，他们在巴黎精修宝石材料鉴别、生产技术和时下的流行风格。经过沉淀的宝格丽慢慢开始脱离法国经典珠宝品牌的条条框框，凭借他们别具匠心的创新设计突破了巴黎审美对珠宝行业的垄断，一举步入了高奢珠宝圈。这样一个具备多元化创造性的阶段维持到了20世纪的70年代。

此后至今，宝格丽本着"继承与发展"的态度，对推出的产品几乎保持了以10年为一个周期的频率进行风格上的变化。由此可见，高端珠宝品牌开发新产品也不是一蹴而就的，耐心细致的长久学习以及积累新的设计方法和表现技巧缺一不可。

在了解了奢侈品品牌在发展历史中进行的产品创新过程后，还有3个方面是现在管理者打造新产品时需要特别注意的。

1. 正确处理品牌的核心和次要部分

核心区域是品牌形象中不可或缺的一部分，而次要部分则不是这样。具体来说，以卡地亚为例，它的核心系列产品是项链和手表，所以这类产品一定会出现在所有卡地亚的店铺中，而次要部分包含的皮带、钢笔、戒指等产品只会在卡地亚精品店以外的销售渠道展示（图8-2）。

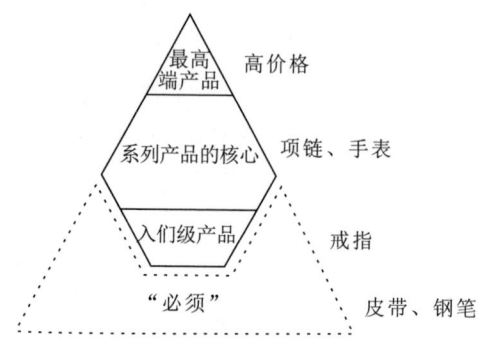

图8-2　卡地亚品牌产品分类金字塔

高端珠宝品牌也要清楚自己的核心部分应该推出怎样的产品，为什么要推出新系列或新单品。一个公司不应该因为对已有产品"见怪不怪"了就作出决策想直接改变现状，也不应该一味地鼓舞新团队去展示他们的才华而出现挤占旧产品的创作行为。

高端珠宝品牌应该围绕核心理念，通过引进新的创意点进行产品创新，以扩大品牌范围同时不损害已有系列的产品为宗旨。还有一个相对简单的创新方法，可以对已有的某系列和单品进行强化或再创新，这样做可以利用老顾客群体规避一定的风险。说到顾客群，高端珠宝品牌还要注意，创新产品要做到吸引新的消费者的同时不让老顾客群流失才算成功。高端珠宝品牌在管理产品创新时要谨记不"喜新厌旧"，不能把所有最好的工作团队或个人统统分配去负责新产品生产，已有产品的管理也需要关注。

另外，对产品创新的所有管理内容都要紧贴品牌的核心部分，一个品牌、一个企业若能在其核心部分发布出新的单品甚至是一个完整的系列,就是它创造力的有力展示。

2. 确保采用满足消费者想象的生产方式

高端珠宝能满足消费者心中对梦想的追求,这种价值不同于一般珠宝首饰的功能,所以它需要在产品创作生产的过程中特别引起重视。那么梦想要怎么通过产品的生产创作具体展现出来呢?

首先,采取手工制作的生产方式。社会的发展和工业的进步并不能淡化手工制作在高端珠宝创作中的关键作用。回看奢侈品品牌的发展历史,早期都有一位家喻户晓的工匠为一批顾客(如皇室贵族)量身定制珠宝首饰,慢慢地发展出一批工匠队伍,直至今天采用标准化的创作。产品由工匠手工制造是消费者对"梦想"的追求过程中不可或缺的一环。近年来,"匠心"的大力宣扬和"返璞归真"的理念熏染着人们,或许一件主要由手工完成的珠宝首饰存在着微小的瑕疵,但这样的"不完美"体现出独一无二的神圣感,高端珠宝首饰产品在当下进行的创新创作时也不能忽略这一点。珠宝首饰若整体或有一部分是纯手工制作,就可以成为该产品的卖点,使品牌得到进一步的宣传。若既要保留手工制作的特色,又要保证加工出的产品品质优良,就要对工匠的手工采取合理的管理。但要注意的是,人手制作不代表完全不使用工具,只是说那些工具没有自主权,只是起到辅助的作用。

其次,高端珠宝品牌的生产要做到不外包。生产外包是一个品牌背离高端路线的表现,外包意味着失去对生产过程的控制。同时外包也让一个公司成为中间商,前文强调的至关重要的工匠制作也很难再进行直接管理,新产品的创作人员也和生产失去了联系,无法及时反馈调整,这对新的单品或产品系列推出是非常不利的。工匠不只是一群从事手工活儿的人,他们需要对自家品牌的产品十分熟悉。如果高端珠宝品牌为了省力或单单想利用他国工匠来博取眼球,这样的想法是有风险的。因为不同地域、不同品牌公司的工匠对产品的形状、颜色、细节会有不同的表现方式。比如,我国的设计和工匠手艺关注产品细节,日本的偏好极简自然,西欧的喜好创意严谨,工匠服务于自己不熟悉的文化时会放大文化特异性。不同于一般的珠宝品牌,高端珠宝品牌无论何时在进行产品创新时都要将产品置身于文化当中,定义产品的地理位置也包含其中,就像听到意大利就会想起顶级皮具,听到法国巴黎就想到高级成衣。创新是思维活跃的过程，产品是创新的结果，高端珠宝品牌只有保证创新尽可能贴近生产，才能使产品保持最强和最原始的感觉。

3. 产品创新是一个不断交流和学习的过程

珠宝企业应当把产品创新过程看作是一个不断交流和学习的过程，并使之成为企业文化的一部分。这需要不断地注意各个重要细分市场的需要，坚持不懈地通过老产品的改进、新产品的延伸，有时甚至是推出功能全新的产品，比竞争对手更好地满足消费者的需要。传统上，参与产品开发的开发者各自拥有对用户需求、技术可能性和财务情况等方面的经验和知识，但他们常常缺乏对其他经验或知识的了解和了解愿望，尤其是在某些技术相关的知识上，往往从自己的角度考虑问题，而忽略其他经验和知识的影响。而学习和交流是产品创新成功的基础。通过学习和交流积累起的经验和知识，是开发者发挥创造性思维的基石。

另外，产品创新关注的不单单是一个物件本身或物件的被生产过程，售前和售后的产品管理都需要纳入规划之中。国际奢侈品珠宝品牌具有标志性、地位象征、代言梦想等特点，以此为参考，我们需要一些管理手段使得新推出的产品更有价值。

（1）产品小范围。高端珠宝通常具有"狭隘性"，即品牌一般会专注于较少的产品中，比如戴比尔斯致力于钻石开采和推出钻石饰品。因为要让一类高端产品获得真正的成功，需要将其功能、美感、定价等方面完美地匹配，这不是一件易事，如果大范围投入，往往会出现所有产品都很平庸的结果。另一个原因是聚焦于少量的商品可以更简单地提高品牌门槛，实现顾客对梦想的追求。

正因为高端珠宝的范围比较狭窄，所以产品创新时要注意每件产品都要有其存在的原因，能够发挥产品明确的作用。比如女性参加晚宴时一般会需要项链、戒指、耳环、手镯、胸针、腕表，那么产品的制造者要确保任何产品都能被选择佩戴在恰到好处的位置。

（2）每一种产品都有个性。一个品牌就像一个家庭，它的产品就是这个家庭里的孩子。产品创新时为了避免千篇一律，细节修饰是必要的，但不管怎样都不能改变产品本身的特点。有能力的顾客可以为自己量身定制珠宝，但不能改变品牌首饰本身的风格。

(3) 具备至少一个入门级产品。产品创新既是服务于老顾客也是为了寻求未来的客人，消费人群的稳定形成需要一个周期，那么入门级产品是这个过渡周期的不二选择。为了吸引顾客购买，同时使这种产品在一定程度上更容易被人接受，入门级产品通常要提供该品牌中"梦想"的精髓。

(4) 适度的网络营销。在市场经济体制下，任何一种新产品的畅销都需要依靠庞大的市场营销网络，在最短的时间内打开市场通道，从而尽快地为消费者所接受。但高端珠宝品牌不能像一般品牌那样完全依靠网络。一件高端的珠宝产品通常需要消费者花费时间和精力才能得到，消费者需要地位和财富的归属感而不是置身于一群匿名者中间，他们对产品所带来的特别服务能够感到满足。网络可以作为一种辅助的方式，但不能完全替代线下的销售。

(5) 延长产品带来的体验。宝石是耐久的，但它被制作成一件产品使用后，使用上的"耐久性"很可能会发生微妙的变化。哪怕是一件新颖的珠宝首饰，仍需要依赖一些管理手段来延长该产品带给消费者的愉悦感。

有时候消费者购买高端珠宝产品的目的性比较强烈，比如举行婚礼或参加一个活动等，它们在被使用后很少会再次使用。品牌可以尝试在顾客购买时提供另一个可以被日常使用的纪念品，每当人们拿起纪念品还可以回忆起那件昂贵的首饰。还可以创新产品的用途，像提供一个陈列架，让顾客可以将珠宝产品以另一种美学的形式展示出来。

第四节 打造品牌的内涵与艺术

一个高端珠宝品牌的标准包含了产品设计的独特性、产品品质的持续性、产品生产的独立性、生产技术的优异性、品牌文化的传承性。可见，一个高端珠宝品牌，质量并不是产品的全部，产品背后蕴藏的那些想象力、历史文化、民族形象等元素才是其竞争实力的关键部分。市场需求量快速增加使得人们对珠宝产品的文化内涵和艺术感的追求更上一个台阶，因此具有文化内涵的珠宝产品也会更容易被消费者们识别并接受。

高端的珠宝首饰一直以来都被认为是上流社会身份地位的象征，被各类精英人士收藏。世界上知名的珠宝奢侈品品牌的创始人不是生来就有这样一份荣耀，他们都是从不起眼的学徒逐步成为了优秀的匠人，通过创造稀缺的、优质的产品，吸引当时的上流人士由此积累固定的人脉，进一步赢得他们的尊敬和信赖,并开始长久地服务于有地位、有财富的消费人群。这些品牌在漫长的历史长河中通过产品塑造出属于自己的内涵与艺术,使得它们很难被代替、被模仿。具体来看,以卡地亚为例,它推出的珠宝首饰产品普遍具有独特性、神秘性、稀缺性,在款式、材料、工艺以及设计等方面追求与众不同,敢于尝试大胆的风格。同时,它以手工定制为主要经营模式,体现了设计师和工匠对顾客以及产品抱有特殊的情感,围绕产品与顾客达成了灵魂的交流,进一步赋予了产品的设计和打造更深层次的艺术和内涵。

产品创新不是闭门造车,吸取国外大牌成功的经验,我国高端珠宝品牌在创新过程中要学习以下几点来对新产品的内涵进行补充。

1. 突出高端定位

传统独到的设计风格、上乘的材料和技术、时尚的个性、限量、溢价都是高端珠宝首饰的标签,精准定位以划分出自身和普通珠宝品牌的区别,可以有效地彰显高端珠宝品牌的个性。

2. 强调情感和艺术的有机结合

高端珠宝品牌所具有的高标准制造技术为前卫的设计思维的实现提供了技术保证,它们的珠宝首饰都需要经过设计师和工匠的思考和雕琢,堪称是一件件艺术品。像梵克雅宝的情人桥腕表(图8-3)在材质上采用了铂金和钻石,

图8-3 梵克雅宝情人桥腕表

背光运用了珐琅剪影，售价高达155万元人民币。这块腕表的价值远远超过了普通腕表，因为它融合了美好浪漫的爱情气息，将优雅的艺术格调展现在消费者眼前。

3. 具有鲜明的个性特征

高端珠宝首饰有自己鲜明的个性特征，既可以迎合当代消费者的求异心理，又能使被模仿抄袭变得不那么容易，以保护自己的知识产权不被侵害。比如奥地利的仿水晶制造商施华洛世奇持有独一无二的水晶加工工艺，它们家的产品对光线有极好的折射能力，使整个水晶表面能焕发出耀眼夺目的火焰色彩，尽管是人造水晶，却一直以较高的价格售卖。

4. 学会文化沉淀

国际上的珠宝奢侈品牌通过在产品中融入深厚的历史底蕴来吸引消费者。像意大利珠宝品牌布契拉提将欧洲文艺复兴时期的风格汇入其产品，让这样的文化形象根植于顾客心中。高端珠宝品牌也要学会通过产品创新来展现自己文化的沉淀。

优秀的珠宝首饰产品离不开民族文化和社会价值内容。中华上下五千年，我国的传统文化能提供源源不断的创意灵感。我国企业在打造高端珠宝品牌、创新高端产品时背靠着如此巨大的优势，要学会从市场价值中寻找切入点，挖掘传统文化中的艺术价值。比如，曾被美国顶尖时尚杂志《罗博报告》评为中国十大新兴奢侈品牌之一的昭仪翠屋曾和国家级非物质文化遗产花丝镶嵌代表性传承人白静宜大师合作，将手工花丝镶嵌大胆地融入翡翠产品的设计中，使得花丝镶嵌工艺这一具有悠久历史的中国宫廷艺术经典重获生命力，让翡翠不再是他人眼中奶奶辈佩戴的珠宝，越来越多的年轻消费者也开始关注喜欢翡翠首饰。这样的产品再现了中华传统文化的魅力，展示了该品牌丰富的艺术性和文化内涵，能够在高端市场中持续前行。

为了走出国门、走向世界，打造出能够符合国际市场商业价值需求的高端珠宝首饰产品，高端珠宝品牌要把中西方艺术内涵融合作为自己的创意设计的理念，在产品创新时需要将我国的传统文化和当代时尚潮流相结合，消除不同文化之间的隔阂，挖掘不同文化背景下的消费者都能较好接受的高端珠宝首饰。文化不是一成不变的，文化要通过交流、融合，与时俱进，再孕育出新的文化和新的特色。产品创新时不能简单地把我国传统文化元素符号直接堆砌在一起，而要讲求灵活变化。高端珠宝品牌可以组建中外优秀设计师和工匠一体的国际化团队，建立作品库，确保其能够源源不断推出原创的新产品。虽然有了国外的设计血液，但进行产品创新时仍要坚持将中国传统民族文化传承放在最核心的位置，再去顺应国际珠宝设计多元化、时尚感强的潮流。

国际化的道路上，高端珠宝品牌可以选择与国内外其他行业的设计大师开展跨界合作，还可以加强与科研院所、专业院校的产学研合作。产品创新离不开工艺技术创新，这就需要品牌公司有人才、有能力去不断研发新工艺、新技术来保证产品的更新和高品质，进一步实现公司的创新发展理念。

高端珠宝品牌从"中国加工"到"中国制造"再转型到"中国创造"是一条漫长且充满挑战的道路，而产品创新是其发展资源的重要手段之一。在品牌的发展过程中不能一味地满足现状，在生活中寻找灵感，抓住根本力求创新，才能形成自己独到的艺术风格，推出新颖的珠宝产品，引领当代艺术与时尚的潮流，在珠宝的世界里大放异彩。

第九章　高端珠宝品牌销售团队建设与管理

第一节　高端珠宝品牌销售团队所具备的特征

一个高端珠宝品牌若要在日趋激烈的市场竞争中立于不败之地,就必须打造一支高效的销售团队。拥有高绩效的珠宝品牌销售团队,对外可以提升品牌知名度,占领营销的制高点;对内可以建立标准化营销流程,制作营销工具,辅助销售以实现营销任务。以下列举了高端珠宝品牌销售团队应该具备的八大特征。

1. 要有清晰的团队目标

高端珠宝品牌销售团队应该有共同的愿景和明确的目标,这是所有团队成员前行的路标,指引努力和奋斗的方向,一旦失去目标也就失去了团队存在的价值。团队的愿景正是一个团队运行下去的灵魂所在,是凝聚力的表现,只有抱有相同希望的人在一起,才能爆发出更大、更多的团队效应。在共同的愿景基础上,确定的、具体的且可以衡量的目标才能调动起成员对于团队真诚奉献的积极性。

一个品牌销售团队一旦失去了清晰的目标,所有团队成员就会迷失方向,最终导致完全或部分失败,随后降低该团队的实际价值和未来发展的潜力。同时,团队的目标也应该符合高端珠宝品牌公司的战略发展目标,并将这些目标进行有效的、合理的分解,保持与全体团队的及时沟通,确保大家对于目标有一个统一的认识。

2. 具备专业技能的成员

一个高绩效的珠宝品牌销售团队一定是一群有相关能力的成员组成的。他们具备实现理想所必需的技术和能力,而且相互之间有能够良好合作的个性品质,从而能够出色完成任务。其中合作尤为重要,但常常被人忽视。有精湛技术能力的人并不一定就有处理团队内关系的技巧,一个高端珠宝品牌销售团队的成员在这两方面往往兼而有之。3项销售技巧是高端珠宝销售团队的成员所必需具备的。

首先,销售人员需要善于激发顾客的想象力。每当有产品吸引了顾客的目光,销售人员应该把产品和顾客有机联系起来,推动他们产生联想。例如,在通灵珠宝的专卖店内,他们的销售人员会这样告诉顾客:"通灵饰品由全球顶级的意大利时尚设计师设计,您看到的这枚钻石吊坠秉承国际最新的设计理念,您戴在胸前会显得时尚、妩媚动人。"而在香奈儿的专卖店内,顾客则会听到类似的描述:"香奈儿香水充满了现代气息,可以让像您这样的女士散发出迷人的魅力。"

其次,销售团队的成员需要对品牌的价值有深入的了解,例如:"通灵是比利时钻石品牌,您在参加派对活动的时候佩戴这枚钻饰,将使您充满高贵与优雅的气息,国际品牌将使您更加自信。"劳力士的销售人员则会如此介绍:"劳力士拥有卓越的工艺与技术,一直保持着手表业的翘楚地位。您拥有它,就等于在商务活动中拥有了代表实力的身份证明。"

最后,销售人员要对客户有一定的了解。欧洲经典奢侈品牌的销售人员往往会结合顾客的个人情况进行场景描绘。对要买钻戒结婚的女士,他们会说"在婚礼上,当他在众人面前为你戴上这枚通灵戒指的那一刻,就意味着你们有了厮守一生的承诺。"而对用于休闲消费的顾客,香奈儿销售人员则会如此描绘:"像您这样有品位的女士肯定很注重生活品质,周末约上好友一起休闲,香奈儿香水让您更能显示出高雅、浪漫的气质。"

3. 要有良好的沟通环境

高效的珠宝品牌销售团队是沟通顺畅的团队,成员可以很容易从团队中获得有价值的信息来指导自己的工作,成员间的相互学习交流,可以做到取长补短,从而提高自身工作能力。信息沟通顺畅,使团队可以准确把握成员的动向,成员也可以迅速而有效地把自己掌握的市场信息回馈给团队。

在奢侈品的管理团队中,管理层与团队成员之间会有良好的沟通与信息反馈,对于不同珠宝产品的营销,做到实时的信息共享,管理层可以随时对不同产品的销售情况有所掌握。这样有助于管理者指导团队成员行动。

4. 要有一致的信任与承诺

高端珠宝品牌销售团队成员间相互信任是高绩效销售团队的显著特征，就是说，每个成员对其他人的行为和能力都深信不疑。我们在日常的人际交往中都能体会到，信任是相当脆弱的，需要花大量的时间去培养，又很容易被破坏。而且，只有信任他人才能换来他人的信任。所以，要维持团队内的相互信任，还需要引起管理层足够的重视。组织文化和管理层的行为会影响团队内信任氛围的形成。如果组织崇尚开放、诚实、协作的办事原则，同时鼓励员工的参与和自主性，就比较容易形成相互信任的环境。

同时，高端珠宝品牌销售团队的成员会表现出对团队高度的忠诚。对国外奢侈品销售团队的研究发现，团队成员对他们的群体具有高度的信任和认同感，他们把属于该群体的身份看作是自我的一个重要方面。因此，承诺一致的特征表现为对团队目标的奉献精神，愿意为实现这个目标而发挥自己的最大潜能。

5. 要有合理的激励与约束

高端珠宝品牌的销售不同于办公室和车间的作业，销售人员的积极性与主动性对业绩的影响非常大，因此高效的销售团队在考评周期内不但会对成员进行有利于调动积极性的激励，还会结合约束措施的运用，避免成员违规和消极行为的发生，达到优化团队管理的目的。

在高端珠宝品牌的营销过程中，一旦没有制度的保障和约束，销售队伍将是一盘散沙；没有制度的激励，销售队伍会缺乏工作的激情。在计划实施和业务流程的贯彻中，如果没有一套较为完整和有效的绩效考核体系，没有合理严格的奖罚体系，结果一定是没有保障的。恰当的激励机制能对销售工作产生极大的促进。

高端珠宝品牌营销人员的激励机制需要分别从物质层面和精神层面去构建。

在物质层面上，团队管理者需要把珠宝营销人员薪酬中的底薪与浮动部分控制在一个合理的比例，这样会让营销人员产生安全感和归属感。同时也要关注珠宝企业福利政策上的建设，完善福利制度，使得这些福利真正能为销售团队的成员提供便利。

在精神层面上，珠宝企业需要加强营销人员的培训工作，满足他们的求知欲和上进心。就高端珠宝品牌而言，营销人员需要对品牌的生态环境、品牌的发展历程、品牌中所代表的精神内涵有深入的了解，同时还可以定期开展一些珠宝鉴定、价值评估方面的课程，提升营销人员的专业水平。

6. 要有恰当的领导

优秀的领导能够让团队跟随自己共同度过最艰难的时期，因为他能为品牌销售团队指明前途所在。他们向成员阐明变革的可能性，鼓舞团队成员的自信心，帮助他们更充分地了解自己的潜力。优秀的领导者不一定非得指示或控制，奢侈品销售团队领导者往往担任的是教练和后盾的角色，他们对团队提供指导和支持，但并不试图去控制它。很多高端珠宝品牌的管理者已开始发现这种新型的权力共享方式的好处，或通过领导培训逐渐意识到它的好处，但仍然有些脑筋死板、习惯于专制方式的管理者无法接受这种新概念。

在一个奢侈品销售团队发展的不同阶段，团队领导者的权力大小会不尽相同。通常，在团队建设的初期即形成期，由于成员相互了解较少，信任度较低，矛盾较多，所以领导者权力要相对集中，他们需要尽快掌握团队，快速让成员进入角色状态，从而降低各种不稳定因素，确保稳步推进。随着团队发展日益完善，领导者权力会逐渐下放。一个有效的团队是有着行动自由权的团队，在为团队共同目标努力的过程中，成员应该有充分的自主决策权和能力。

7. 要对未来的品牌销售布局有一定的计划性

高端品牌销售团队制定的计划主要包括两个方面：一是想要达成的最终目标，以及相应的行动方案和实施步骤；二是如何界定团队任务的完成情况，以及如何评价和激励团队成员。凡事预则立，不预则废，只有按照计划保质保量地执行，团队才会逐步接近目标，直至最终达成目标。

作为珠宝行业的品牌大咖，周大生真正实现了互联网时代下的珠宝全渠道品牌布局。虽然珠宝电商的营销团队成员年纪尚轻，却有着非一般的毅力和创造力；通过线上多形式、多渠道的品牌营销以及线下新零售创新项目与品牌宣传呼应，实现了销售和品牌宣传的共同发力，也形成了如今互联网时代下"周大生特色"的传统珠宝行业的品牌布局。

同时，为了响应新零售计划，周大生统筹线上线下，完成了人脸识别、语音搜索、虚拟试戴为一体的创新项目"魔镜"，真正地实现了线上线下订单打通。并在 2017 年于深圳东海缤纷天地建立了自己的第一家"智能标杆店",让新零售概念走进每一个消费者的世界。

过去,奢侈品品牌对线上零售都持抵制态度,担心互联网的特性将冲击并损害奢侈品的排他性。随着社会与经济发展的变革,奢侈品品牌开始意识到新消费时代成功的要义在于能否产生与这一代消费群体的共鸣,而数字化互动是十分重要的方式。

于是很多奢侈品品牌开始对销售布局进行改革,越来越多的奢侈品开始借力电商平台为其运营推广,未来奢侈品实体门店将更多地以旗舰店的形式出现,建筑面积更宽裕的店面将在品牌展示与营造独特体验方面更加有效。同时,店铺应打造一个独有的运营系统,可获取消费者数据,记录消费者偏好,且将店铺系统与网站数据打通,实现线上线下对消费者全方位的数据捕捉。

例如,近年来传统高端珠宝品牌有向数字化营销倾斜的试探动作。如尚美巴黎(Chaumet)作为酩悦·轩尼诗-路易·威登集团下知名高级珠宝品牌之一,成立于 1780 年,拥有十分悠久的历史文化底蕴,以钻冕为标志性首饰闻名于世。尽管众多奢侈品品牌(例如香奈儿)一直对数字化营销抱有十分保守甚至排斥的观念,认为数字化意味着向大众倾斜,势必损害品牌"奢""高端"的定位。但随着时代的发展变迁,数字化的布局已成大势所趋。尚美巴黎在数字创新上一直保持十分稳健的步伐。自 2015 年推出"线上婚戒试戴"服务,至 2017 年在故宫举办的主题为"尚之以琼华——始于 18 世纪的珍宝艺术展"中采用 VR 技术,让品牌穿越 237 年,从 1780 年芳登广场 12 号走进 2017 年北京紫禁城,使观者沉浸在一次时空穿越之旅中,并推出 VR 技术大电影《一切过往,皆为序幕》,再到 2019 年 1 月 16 日至 2 月 16 日,尚美巴黎又在其数字化创新的探索之路上迈出了历史性的一步,在微信上推出限时线上体验店,推广其"Liens 缘系·一生"系列产品,备受年轻一代追捧,到目前在微信上拥有常驻的线上精品店,循序渐进地推进其数字化营销发展之路。优秀的销售团队必须对品牌未来趋势始终保持前瞻性的思维,紧跟方向,才能不被市场淘汰。

随着人们认知的全面转化,品牌无法再从任何单一的角度抓住消费者,奢侈品行业的数字化变革,也预示着在飞跃的时代下,只有对销售布局有计划性的品牌才能在激烈的市场中生存。

8. 要有内部支持与外部支持

高端珠宝品牌销售团队工作的开展离不开内、外部环境的支持。从内部条件来看,品牌销售团队应拥有一个合理的基础结构,这包括:适当的培训,一套易于理解的用以评估员工总体绩效的测量系统,以及一个起支持作用的人力资源系统。恰当的基础结构应能支持并强化成员行为以取得高绩效水平。从外部条件来看,管理层应给团队提供完成工作所必需的各种资源。

人们对成长的期待和成功的憧憬,能从众多的珠宝销售团队中区分出高绩效珠宝品牌销售团队。有这种憧憬作动力,团队的基本特征就在高绩效团队中得到了有力的扩展:更深切的目的感、更雄心勃勃的业绩目标、更完善的方法、更充分的相互信任、可以相互替换也可相互补充的技能。

第二节 高端珠宝品牌销售团队的主要分工及职责

优秀的高端珠宝品牌营销团队中主要包含四大主要角色——团队运营经理、团队营销经理、品牌策划经理、高端珠宝品牌销售总监。

1. 团队运营经理

团队运营经理负责整个团队的运营工作,负责部门员工的工作指导、监督和管理。

(1) 负责整个团队一切营销活动的总策划,包括战略方向规划、商业圈流程的规划和监督控制,并对团队绩效目标达成负责。

(2) 负责制定营销团队品牌推广策略,并对其执行进行指导和监督管理。

2. 团队营销经理

团队营销经理负责确定品牌销售策略、建立销售目标、制定销售计划。

(1) 与集团或公司协商年度、季度的销售目标,与各区销售团队协商年度、季度的销售目标;同时制定销售计划与监督销售目标的达成。

(2) 监督计划的执行情况,将销售进展情况及时反馈给总经理或销售总监。

(3) 根据珠宝品牌的卖点和目标客源的需求制定广告的总方向和总精神。

(4) 负责搜集珠宝市场信息动向,根据运营和相关业务需求,制定相应的品牌传播策略、计划和预算，并组织具体实施。

3. 品牌策划经理

品牌策划经理负责正确掌握市场动向，策划团队营销的发展方向和业务框架。

（1）定期组织高端珠宝品牌市场的调研，收集市场信息，分析市场动向、特点和发展趋势。

（2）收集竞品销售的有关信息，掌握细分市场的动态，分析竞品销售和市场竞争发展状况，提出改进方案和措施。

（3）负责收集、整理、归纳高端客户资料，对高端珠宝消费人群进行透彻的分析。

（4）负责珠宝产品线上线下推广方案，以及活动主题巡展等策划与执行。

4. 高端珠宝品牌销售总监

高端珠宝品牌销售总监负责管理一切的销售活动。
（1）负责营销队伍的组织、培训与考核。
（2）客观、及时地反映珠宝品牌客户的意见和建议，不断完善工作。
（3）定期拜访对高端珠宝品牌情有独钟的目标客户，充分了解客户需求并积极跟进。
（4）对现有用户及可发展用户进行市场调研，增强品牌效应及口碑。

第三节　高端珠宝品牌销售团队员工辅导的重点

作为高端品牌珠宝，奢侈品因素所占比重更大，其销售自然与一般的品牌珠宝销售不同，而要与同级别奢侈品牌的销售水平和做法看齐。高端珠宝品牌销售团队员工辅导的重点应主要从以下几方面进行：企业文化及品牌历史、品牌发展趋向、员工礼仪、产品特色、客户关系管理、危机管理等。

1. 熟悉企业文化及品牌历史

企业文化是指企业在一定的内、外部环境及其他条件下通过生产经营和管理等活动创造出的具有该企业特色的物质、精神财富，主要包括企业愿景和理想、企业精神、文化价值观念、行为准则、规章制度等，它是企业的灵魂，是推动企业持续发展的不竭动力。对高端珠宝品牌来讲，企业文化是极为重要的。一方面，高端珠宝品牌创始人、传承人的卓越创造及价值观念会推动企业的成长和进化，让企业员工充满荣誉感和责任感，从而促进企业发展；另一方面，卓越的企业文化通过各渠道向社会公众传播，会使得目标群体对其产生天然的亲近感，从而增加企业利益。

  品牌是企业经营获得的重要资产，是建立在消费者心目中的重要价值体现。对高端珠宝品牌而言，建立和维持其在消费者及潜在消费者心目中的价值存在是十分必要的。但是，高端珠宝品牌的建立和提升并非一朝一夕就能完成，而需要经过几十年甚至是上百年的文化沉淀。高端珠宝品牌若拥有较为强势的品牌文化，就能让消费者及潜在消费者在精神层面上认可该品牌，建立品牌信仰，获得稳定的市场占有率，增强企业核心竞争力，为品牌战略成功实施提供强有力的保障。

  要想成为一名合格的高端珠宝品牌销售人员，首先必须熟悉该公司的企业文化和品牌历史状况。高端珠宝销售不仅仅是对珠宝首饰的外在物质的销售，更需要对珠宝本身所凝结的内在文化价值观念进行传播。一般企业的低端产品面对的是激烈的外部市场竞争以及本身产品的低技术含量，只能依靠销售人员的卖力销售以及具有吸引力的价格策略来获得较少的利润；而一流企业的高端产品凭借企业本身的强势文化为众人所知晓，再加上产品精湛的工艺和独特的设计，会使消费者产生拥有的欲望，从而获得高额利润。熟悉企业文化和品牌历史，不仅可以增进员工对企业的了解，也能通过销售人员间接影响消费者，使其对本珠宝品牌有更加清晰的认识，从而提升销售成功率和增强品牌印象。

2. 掌握品牌发展趋向

  品牌发展趋向是指企业根据现有的内、外部环境及一定的条件作出的企业未来发展战略及规划，主要是由企业的决策层进行制定，并由职能管理层进行实施推进的。对高端珠宝品牌来说，其目标市场十分小众且存在高度不稳定性，产品具有高价值和生产周期较长的特点，不利于企业获得稳定可持续的收入和利润。面对复杂的内、外部环境，企业进行战略和规划的调整是十分重要的。

  高端珠宝企业需要将本品牌的发展趋向及时传递给员工，特别是要获得一线销售团队的支持。销售团队作为珠宝企业获得利润的基本单元,是十分重要的企业员工联合体。企业将品牌战略与发展规划简明地告知销售团队,可以让销售团队中的每一个人感觉到企业对他们的重视,这种重视并不会因销售人员的素质高低而有所区别,而是一视同仁。

高端珠宝品牌销售团队对员工进行品牌发展趋向方面的辅导,可以让新员工更好地理解销售的定位——建立企业与消费者之间直接沟通的桥梁。销售人员不仅要将珠宝产品销售给消费者,还要将企业文化以及品牌本身的历史、发展理念传达给消费者。销售人员对企业战略和品牌发展有了较为清晰的认识后,才能在意识和行动两层面上紧紧跟随企业发展脚步不落伍,增强责任感。

3. 重视员工礼仪

对任何零售企业而言,销售人员的礼仪培训与考核都是必要的,销售人员身处终端零售店,直接与消费者进行交流,消费者可以通过销售人员的礼仪表现建立对该品牌的第一印象。第一印象在心理学上称作"最初印象",是指人们初次对他人形成的印象,通俗地说就是在和他人初次见面进行的几分钟谈话里,通过对方展现出的仪表、礼节、言谈举止而作出的评价。第一印象一旦形成,便很难改变。对销售人员来说,第一印象犹如生命一样重要,给顾客留下的第一印象往往会决定交易的成败,顾客一旦对销售人员产生好感,自然会信赖他所推荐的产品。

高端珠宝品牌的目标客户是具有较高身份地位的精英人士,因而对销售人员的礼仪要求更高。高端珠宝销售人员在与消费者进行交流时,一定要重视自身的衣着仪表、行为举止、谈吐的规范。此外,销售人员还要树立良好的交际形象,做到彬彬有礼、落落大方,遵守一般的进退礼节,尽量避免各种不礼貌或不文明的行为。说话流利是销售人员的另一个基本要求,要成为一名优秀的销售人员,必须要掌握一些基本的交谈原则和技巧。在会见顾客和在其他一些交际场合中,销售人员与顾客交谈时态度要诚恳热情,措辞要准确得体;语言要文雅谦恭,不要含糊其辞,吞吞吐吐。

4. 熟悉品牌产品

高端珠宝销售人员的主要任务是将品牌的珠宝产品销售给消费者,从而为品牌获得利润。因此,销售人员必须要对本品牌的产品非常熟悉,只有这样,才能在与消费者的交谈中，准确介绍产品的品质和特色，从而促成销售。在销售过程中，销售人员应做到如下几点：第一，要明确自己销售的各类产品分别适合什么样的人群以及适用范围。第二，了解顾客对产品的要求。第三，根据顾客的要求推荐几款相关的产品。对自己推荐的产品应尽可能详细地介绍，使顾客有更加深入的了解和认识。第四，通过对几款产品相关知识的对比，可以使顾客更加清楚地了解哪个更符合自己的需要，从而便于顾客的挑选。第五，要对顾客介绍产品的售后服务情况，以避免后期不必要的纠纷。

5. 善于客户关系管理

客户关系管理是指企业为了吸引新顾客，留住老客户，以不断增进企业利润为目的，通过不断地沟通和了解客户，达到影响其购买行为的过程。对高端珠宝品牌而言，善于客户关系管理是销售人员必须要掌握的能力。高端珠宝品牌的目标消费人群是具有一定社会地位和较高消费能力的一类人，这类人是销售人员进行客户关系管理的重点人群。这类人群为高端珠宝品牌提供了稳定可观的收入和利润，销售人员对其进行关系管理可以使高端珠宝品牌保持在消费者心目中的价值形象，并提高品牌忠诚度。此外，良好的关系管理可以使消费者对品牌产生好的口碑，有利于节约品牌的营销成本，扩大市场，获得更大的利益空间。优秀的销售人员一般都拥有自己相对稳定的客户关系网络，他们会根据客户的重要程度确定与其保持沟通的频次，以维系一种相互信赖的关系，而这种关系正是销售人员赖以成功的秘诀。建立并维持客户关系是销售人员的基本职责，也是营销成功的基本保证。众所周知，客户是企业生存和发展的基础，市场竞争的实质就是争夺客户资源（客户数量与质量）。欲建立与维持同客户的良好关系，就必须树立客户利益至上的观念，积极获取客户的信任。

高端珠宝品牌销售人员进行客户管理的主要方法有：第一，为客户提供高质量的服务；第二，加强与客户的信息即时互通，为客户提供知识信息，协调好客户关系，传达好客户的要求、意见；第三，保证高效快捷的执行力。因此，要想留住客户群体，良好的策略与执行力缺一不可。

6. 学会危机管理

销售团队作为销售的基本单元，除了进行店铺的一般性管理外，同时必须掌握面对突发紧急情况下的危机管理。突发状况是指对一个社会系统内的基本价值和行为准则产生严重威胁,并且在时间压力和不确定因素极高的情况下,必须对其作出关键决策的事件。高端珠宝品牌的旗舰店或精品店大多位于城市的繁华地区,人流量极大,面临着众多的不确定性因素的考验,可能会发生多种突发紧急事件,如遇到地震、洪水等天灾或火灾、抢劫、斗殴、自杀式袭击等人祸。因此,高端珠宝品牌的销售人员要学会危机管理,这样不仅能保护个人和团队的生命及财产安全,同时也可将企业的损失减到最小。以下的案例就为高端珠宝品牌敲响了警钟。

2008年12月,正值假期旺季,知名高端珠宝品牌海瑞温斯顿(Harry Winston)在巴黎蒙田大道的精品店(图9-1)被4名男子持枪抢劫,被抢走

图9-1 海瑞温斯顿在巴黎蒙田大道的精品店

包括高级珠宝、腕表等价值超1亿美元的商品,因数额巨大,一度被媒体称为"世纪抢劫案"。同时,这也是该品牌在14个月内发生的第二次抢劫案。罪犯为团队作案,通过男扮女装伪装成常客进入店内,并能准确叫出店内销售的名字,才使销售人员放松警惕,使其得手。案件直至2015年才被侦破,团队共

8名作案人员，其中还包括1名被抢店铺的保安在内里应外合。大多数商品至今仍未能追回，给企业造成了巨大的损失。

　　由于高端珠宝品牌店内的商品大多具有较高的价值，极易引来不法分子的觊觎，危险系数很高。因此，销售人员要时刻保持警惕，明白抢劫犯也许并不只有穿着防弹衣全副武装的人，也可能是穿着丝袜和高跟鞋的处心积虑的危险分子，要强化防范意识，保护人身财产安全，努力将个人和企业损失降至最低。此外，高端珠宝销售人员还必须掌握足够的消防安全知识，例如水灾、火灾、地震等危险情况下的预警、人员保护、企业利益保护措施等，要定期对员工进行培训，提高突发状况的应对能力。

　　随着经济全球化的不断深化，高端珠宝品牌之间的竞争也日益激烈。高端珠宝品牌的产品销售一直是企业运营的核心，而高端珠宝品牌销售团队的建设与管理为企业与消费者之间的信息交流提供了良好的平台，会促进产品的流通和销售。所以，高端珠宝企业必须重视销售员工的培养，运用恰当的团队建设与管理方式，根据自身品牌实际情况，与时俱进，建立起一套动态变化的销售团队建设与管理体系。

第十章　高端珠宝品牌的服务管理

根据前面的内容我们已经知道奢侈品品牌非常注重自身产品带来的情感价值，它们无一例外都会打响完美的使用体验、服务体验的口号，使品牌在竞争的行业领域中脱颖而出。所有知名的奢侈品品牌都会在可以和顾客接触的每一个细节提供最极致的服务体验与享受，从而让消费者真诚地认可自己。

同样地，人们在消费高端珠宝时的期望要远远高于消费普通珠宝产品，由此可见消费者们在购买高端珠宝时已经不仅仅关注珠宝首饰本身，他们更关注产品背后的服务。高端珠宝企业如果能对品牌服务进行有效的管理，就能提高服务质量，提升消费者的满意度，增强他们对品牌的忠诚度。

第一节　售前：抓住主要服务对象的心理

谈到服务管理，首先我们要明确高端珠宝产品的消费对象是谁，了解这些人对待高端珠宝的消费态度和心理动机，才能有针对性地提供服务，使品牌离成功更进一步。

一、高端珠宝主要消费者的态度

通过前面章节对高端珠宝消费群体的定位，我们可以发现，高端珠宝产品的消费群体与奢侈品的消费群体有重合。奢侈品和高端珠宝在本质上都意味着人们对上流生活的向往，由此可见，高端珠宝产品的消费对象主要分为两类：一类是精英阶层，或是想通过产品彰显身份而"照葫芦画瓢"去购买的人；另一类则是品牌消费群中真正的中流砥柱，即品牌的忠实粉丝。《中国富裕家庭的生活形态报告》中曾显示有一定消费能力的人们绝大多数都对"幸福、休闲、享乐"有所追求。他们在购物的过程中渴望通过产品和服务来彰显他们独特的个性、品味和鉴赏力，这也是为什么奢侈品品牌需要悠久的历史来沉淀出品牌个性。

二、高端珠宝主要消费者的心理动机

随着经济水平不断提高，消费者在选购珠宝产品时不再单一地考虑价格是

否能够承受，消费过程开始逐步受到更多种因素的共同影响，非经济因素的影响日益增强，其中就包括体现品牌文化的服务。深入探究高端珠宝消费者的购买心理与动机，并将消费者的需求植入服务中对品牌迈上新台阶有着重要的意义。

人们在消费过程中因受到服务环境的刺激会产生愉悦、舒适、烦躁、不满等不同的主观体验，这就成为消费情感。当这些消费情感获得环境的认同时，消费者们就会对环境作出应答，即意志行动，意志行动的内部心理活动过程即为购买决策过程。由此可见，高端珠宝品牌的购物环境、服务人员的素质等条件都会对高端珠宝消费者的购买过程产生重要影响。

另外，高端珠宝品牌消费者的购买动机大致分为追求品牌和满足自身心理安全的需求两大类。

1. 追求品牌

产生这类心理动机的消费者大都是收入较高或社会地位较高的消费者，他们希望通过对高端产品和对应的高端服务的消费过程来表现自身的优越地位和身份，寻求的是一种上流社会的归属感。同时也存在一些盲从消费的人群，他们大多收入一般，但也心甘情愿花费上万元购置一条蒂芙尼银项链。

2. 满足自身心理安全的需求

有此类购买动机的消费者可以进一步细分为两种：一是追求美、追求文化内涵的消费者。他们的基本生活需求已经得到满足，求美、求创造性的心理开始萌芽，或是开始坚信珠宝中蕴含着神奇的力量，比如能够保佑佩戴者身体健康、一帆风顺。这类消费者对商品的造型、包装更为关注，由此品牌也要注意提供相关的服务；二是具有较强攀比、自我成功认知心理动机的消费者。他们追求产品的稀有性，会看重消费的效果和场面，希望能够通过消费高端珠宝产生气势压人的效果或是享受独一无二的服务。

第二节 打造高端珠宝品牌的服务亮点

在顾客消费过程中，高端珠宝品牌应努力为其带来愉悦的感觉。美丽的购物环境和优质的人文环境都十分重要。好的服务是当顾客面对产品时，不仅感到舒适,更接收到一股"压力"让他们觉得自己必须买下来。这一部分将提出几个高端珠宝品牌需要把握住的服务亮点,若能践行,将为品牌经营锦上添花。

一、注重沟通方式与沟通氛围

都说与其开展平庸的交流,还不如闭口不谈。高端珠宝品牌销售人员在与目标客户交流的过程中应具备精炼的和富有艺术性的话术,不论是线上咨询还是线下的交流,都要让顾客群体感到愉悦和满意。

高端珠宝品牌的消费群体有多种类型,面向不同的人群应有不同的沟通技巧。针对重视产品的美感、品质、设计创新或是文化内涵的消费人群,要和他们探讨珠宝产品的艺术感、继承性、创造性、独家工艺技术和价值;针对更追求品牌和声誉的消费人群,要多讲述一些动人的故事为品牌地位提供辅证;针对喜欢产品稀有感和独特性的消费人群,可以尝试与其探讨财产、权利等较为敏感的话题。无论如何,品牌要牢记高端珠宝不同于一般产品,服务沟通不是用直白的信息和数据来表明拥有或佩戴一个产品的好处有多少,而是用一种个性的、新颖的方式去讲述一个品牌的小世界。

另外,现在人们所说的沟通不单单指说话,而是融合了视觉、触觉和嗅觉等多种体验的信息传达。许多高端珠宝品牌喜欢在消费终端进行购物氛围和沟通氛围的营造,它们花费高昂的租金,在一线城市最中心、最高档的地段开设精品店,通过雅致的装潢、精心的陈列最大化地展示和烘托出品牌的高贵、稀有和充满传奇色彩,力求为顾客提供高品质、高品位和高享受的奢侈品购物体验。

二、个性化定制服务

在销售服务过程中,品牌和消费者之间应该建立一种私人的、情感上的关系。珠宝应该具备人情味,销售人员也应该保持热情,和顾客拉近距离。一对一的服务关系是高端珠宝销售不可或缺的环节,它不仅便于销售人员了解顾客需求以提供更好的服务,同时也可为顾客创造一个平和的购物环境,给他们带来足够的安全感,而安全感正是提升品牌好感度、建立顾客对品牌信任和忠诚度的基础。具体来说,品牌可以通过个性化服务形成并维系与顾客的关系。

1. 提供个性化产品服务

现在的消费者越来越有主见,他们不再和以前一样去顺应产品,而是希望产品适配自己,用个性化的需求来表达独特的风格和态度。不同于中低端珠宝,高端珠宝品牌要甩掉"爆款"的帽子,尝试去综合考虑顾客的肤色、脸型、五官等条件为他们推荐、设计或改良产品;也可以根据顾客身份、生活和工作的场合为他们搭配首饰(图 10-1)。但要注意,高端珠宝品牌不能完全被顾客牵着走,而丢失了自身的风格理念。

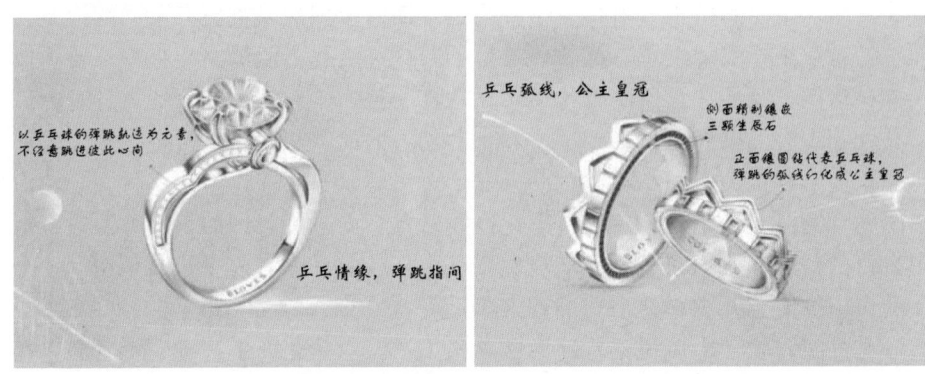

图 10-1　BLOVE 为乒乓球运动员福原爱设计的个性婚戒

2. 提供个性化选款服务

奢侈品品牌会为有较高消费能力的客人提供专属 VIP 室,也可以根据顾客的特别要求调整服务时间和地点,上门服务便是其中一种选款方式。许多国际奢侈品品牌在最初还只是个作坊或小店的时候,就已经有了工匠上门获取订单,制作完成后再次上门为顾客试戴的服务模式。回到如今的市场,高端珠宝品牌也需要参考这样精细的服务,销售人员带着一些商品去顾客指定的地点选购,免去了顾客的奔波。

三、沉浸式服务

奢侈品服务管理的口号是"体验",奢侈品企业的最终目的是让消费者在购买了自己的产品后,得到的不只是产品实物本身,还包括了一份卓越的体验和感觉,即在沉浸式服务中注重服务场景的打造,以此提高顾客的满意度。

1. VIP 体验日和体验展

品牌可以通过环境的引导给消费者带去愉悦的消费心情。奢侈品品牌都会有自己专属的 VIP 体验日,标志性门店会根据每期不同的主题将店铺布置成不同风格(简约的商务风、跳跃的拼色风等),然后邀请品牌的 VIP 顾客前来欣赏和交流设计理念、展示货品,并进行选购。

除了面向部分顾客的体验日,还有面向所有人的体验展。2020 年 7 月,卡地亚以 Clash de Cartier 系列为灵感,在南京德基广场打造了限时一周的体验空间(图 10-2)。Clash de Cartier 是卡地亚在 2019 年以标志性几何为设计元素首度推出的珠宝系列(图 10-3),以对立碰撞、双面魅力为设计理念,此次体验展根据这个理念打造出了屋顶与门框倾斜、座椅与地毯翻转的 Clash 颠倒屋。所有参与体验展的人都能通过真实又充满反差的问答互动在作品陈列区找到"我的专属 Clash 作品",还能在 Clash 试戴区亲身体验系列珠宝作品的精湛工艺与柔和触感。

图 10-2 卡地亚 Clash de Cartier 限时体验空间

图 10-3 Clash de Cartier 系列 圆珠铆钉戒指

2. 关联体验与文化体验

沉浸式服务中品牌需要抓住消费者的情感刺激点,寻求品牌与消费者之间的共鸣。例如发售不同主题的产品配合线下场景体验。例如,在"5·20"告白日重点售卖爱心限量款式的产品,线下门店采用以粉色或红色为主色调的装饰，为所有当日消费的顾客赠送有一定品牌价值的纪念品。

另外，不同的品牌有自己独特的理念，品牌也可以根据企业文化和品牌底蕴确定主题，服务和营销方式都围绕该主题设定，提高消费者的文化场景体验程度。例如通灵珠宝是中国与比利时合资的企业，它旗下所有实体门店都以西欧风为基调，门店内播放比利时的经典音乐，店铺放置比利时的香氛，购物后还礼赠比利时当地的巧克力。

不管采取哪种方式，能够使消费者"身临其境"感受产品内涵，带来只有该品牌才具有的独特沉浸享受，升级消费者的服务体验质量，就是高端珠宝品牌区别于一般珠宝品牌的要点。

四、差距化服务

服务差距是指品牌和销售人员面对不同的消费者时，根据消费者的等级（普通顾客、VIP顾客、重要顾客）和消费者的不同需求，为他们提供具有差异化的优质服务。任何一个高端品牌在进行服务管理时都面临着同一个的挑战——怎样制造差异化。比如，怎样让服务成为一种真正享受？怎样让高端珠宝企业的服务从普通珠宝企业提供的服务中脱颖而出？差距服务主要体现在以下方面：服务环境、服务所依赖的有形物件（如给顾客倒水的茶具）、销售礼仪、服务人员与顾客的熟悉程度以及顾客被特殊个性化的方式对待。

奢侈品品牌和高端产品品牌都有自己的会员制度，更高级别的会员可以享受独特的服务内容。就拿简单的接收广告而言，如图10-4所示，同一个品牌不同层级的消费者所能得到的信息是不同的。

除了获取最新产品信息以外，差异化服务还可以体现在其他会员权益上，包括基本的积分和节日礼遇，不同等级会员可浏览的产品范围不同，等级越高的会员越有权利优先享受产品咨询、订购产品、获得特别设计珠宝的特权，以及专属维护保养的尊贵服务，参与专门为会员举办的学习活动和娱乐活动等。

高端珠宝品牌在保证优质服务的基础上，根据合理的会员制度适当提供具有差异化的服务，可以在一定程度上加强顾客、商家、品牌企业三方之间的良好交流，刺激部分普通消费者或低级会员的购买欲望，同时也可以发展和提升老顾客的忠诚度，满足高级会员的社交、专属感、地位认同等多方面的心理需求。

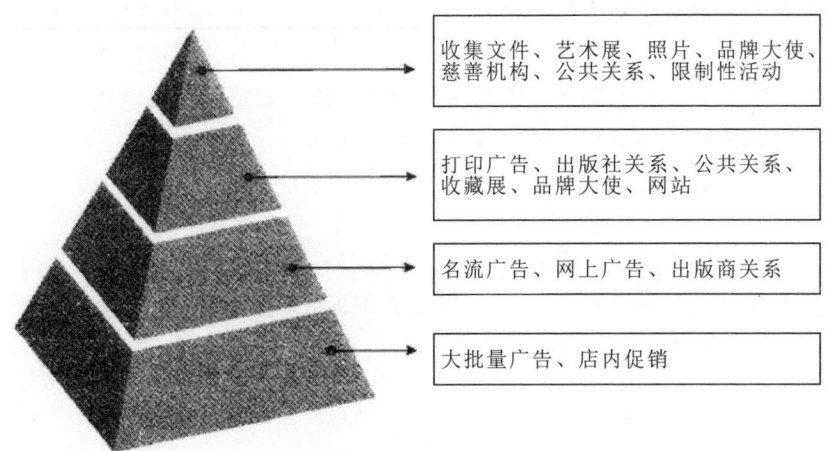

图 10-4 奢侈品沟通层级

第三节 保证售后服务

在高端珠宝企业的售后阶段，通过顾客维护来消除顾客的疑虑至关重要。良好的售后服务应该向顾客灌输品牌的传统和核心价值，这样可以让顾客感觉到他们购买这样昂贵的珠宝产品是值得的。成功的奢侈品品牌拥有令人安心的售后服务，这也正是奢侈品品牌得以持久不衰的一大关键。要想打造高端珠宝品牌，必须要经得起时间的打磨与考量，而拥有值得顾客信任的售后服务保障系统才能获得高端珠宝品牌的"入场券"。那么企业具体应该怎么做呢？

一、进行顾客管理

高端珠宝企业需要要求销售人员通过一系列行为拉近品牌与顾客之间的距离，即做好服务跟进，跟顾客建立持续的、友好的联系。

1. 顾客资料管理

一份有效的资料应该包含顾客的姓名、年龄、联系方式、地址等基本信息和职业、消费水平、购买过的产品明细、消费喜好等具体的、有价值的市场信息。企业需要将这些顾客信息进行整理分析后系统地保存进自己的数据库中，当顾客自己或店铺需要查询购物信息时可以快速地调取使用。同时，这样管理也便于品牌更清楚地了解顾客的需求和期望，使得锁定新顾客或维护老顾客以及进行相关品牌活动等行为更具针对性和有效性。

2. 定期进行顾客满意度测评

每个品牌都会关注顾客的满意度，尤其是在出现新的竞争产品或顾客偏好行为条件发生改变的时候。所以，进行合理的定期测评，对比过去的数据结果，发掘问题并加以分析才能深度挖掘顾客在不同阶段的需求，清晰认识到品牌自身优势和劣势后着手利用或修正，掌握市场与行业的发展趋势，及时调整企业战略。

3. 打通双向交流渠道

实时的信息沟通是维持品牌与顾客良好关系的重要方法。除了电话、微信、网络社群等线上实时联系方式为顾客提供品牌最新的产品信息、服务和活动资讯等，高端珠宝品牌还需要举办一些发布会、下午茶、俱乐部活动等享乐性质的线下活动与顾客开展面对面的沟通。相比顾客满意度测评，这样的交流可以更及时地了解顾客的需求，同时针对顾客提出的建议和意见，现场的企业员工也能立刻给出回复和解决方案。

另外，在交流过程中销售人员能够不断了解会员顾客的一些其他生活信息和个人观点，并在日后合适的时间点或相关的情境下为顾客送去人文关怀或享受级的服务。总而言之，能用实际的服务让顾客感受到品牌的真诚是建立和保持与顾客长期稳定关系、获取顾客信任的关键。

二、打造规范而贴心的售后服务体系

高端珠宝是珍贵的，如果售后服务粗糙会降低顾客的安全感，进一步损害企业形象。因此，高端珠宝品牌必须能为顾客们提供规范的、贴心的售后服务来避免顾客出现焦躁的情绪和财产损失。

1. 服务流程图

构建完整的售后服务体系离不开售后服务流程的设计，其最直接高效的方法就是绘制服务流程图。严谨的流程图既可以为设计售后服务流程提供清晰的外部框架,又可以帮助高端珠宝品牌有效地管理顾客期望。一张流程图内需要囊括顾客行为、前台接待行为、后台接待行为以及支持行为,高端珠宝品牌要根据自身的企业结构梳理取货登记、送检、报价、维修/维护、反馈、物流等细节进行流程图的绘制。

2. 内部客户服务体系的职能

优质的售后服务离不开有序的服务体系。图10-5展示了公司总部、前台人员和顾客三方间的职能关系,帮助大家明白好的体系应具备哪些职能要素。

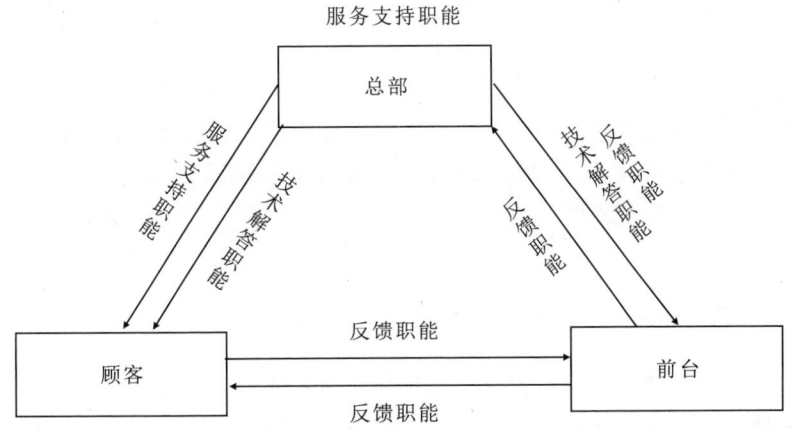

图10-5 内部服务体系职能关系图

服务支持职能:为顾客的珠宝首饰商品提供维修保养等服务;负责高端珠宝企业总部售后部门的后勤保障,如返厂商品进出管控、配件管理等。

技术解答职能:为顾客解答关于检修维护等技术方面的问题;为前台销售和市场部提供珠宝首饰维护维修技术方面的资料信息。

反馈职能:从顾客方听取意见信息来改善服务质量;向总部反映商品质量或技术问题来帮助生产改进;从总部获取维修保养和技术难题等相关信息;向顾客传达提供品牌最新的服务资讯。

第四节　服务团队的打造

前面我们已经提到过优质的服务讲究热情、人性化并且企业能够赋予服务人员一定的权力,比如当尊贵的客人在炎热的天气进入店铺,服务人员应该第一时间为他们送上新鲜的水果茶饮等。对于高端珠宝品牌而言,对待顾客最高标准的服务应该是把范围扩大到公司的日常事务之外,对顾客的服务具体到每一个个体,为顾客带去舒适和惊喜。可见,人力资本是奢侈品品牌输出价值的重要一环。奢侈品公司大多拥有典型的"倒金字塔"形的人才结构,在这种结构中除了珠宝设计师们,最重要的人才资源集中在直接与顾客打交道的服务人员以及工作在生产第一线的全体员工。

高端珠宝品牌通过服务为消费者提供一种短暂地享受他们梦想中的生活方式的机会,所有这些为梦想服务的存在都需要更完善的服务组织、策划以及传递,即所谓"服务生产"。只有加强对服务人员的筛选、培训、考核、激励,维持稳定而优秀的服务团队,才能打造完整的"服务生产"链,提升品牌服务水平。

一、服务人员的筛选

高端珠宝品牌对于消费终端的选择和控制是极为严格的,所以对服务人员自身能力素质的要求门槛也会高于一般的珠宝品牌。在卡地亚公开招聘销售培训教练(sales coach)的职位要求中提到了以下关键的6点,我们可以从中了解一个优秀的高端珠宝企业对于销售部门员工的期待标准。

该员工应具有全球视野、良好的共鸣感、激情和创造力,能够在一个领先且迷人的奢侈品品牌中工作。

该员工可以横向与他人很好地合作,用带有战略性的方法解决问题,并能创造强大的学习文化。

该员工应掌握发展领域的深入知识并对零售环境和零售业务有深入理解。

该员工能够围绕项目传递热情,具备良好的沟通技巧和丰富的销售理论知识,非常善于倾听和观察。

该员工具备实战的销售技巧。

该员工能使用当地语言和流利的英语。

另外值得一提的是,每一个服务岗位的员工都应该具备与其品牌理念相适应的服务精神。例如,宝格丽注重顾客佩戴的珠宝和其服饰风格融为一体的物我相融的境界,它不满足于现在,而更注重创新,永远站在时尚的前端;蒂芙尼讲究精益求精,在探寻灵感的路上撒下繁琐只为了追求简洁明朗。服务人员需要将自身的销售行为和服务宗旨牢牢地与品牌文化结合在一起。

二、服务人员的薪资体系准则和晋升机制

1. 薪资体系准则

薪资是企业对员工分配利润,展现员工价值的重要形式。薪资的安排设计应当遵循一定的原则,才能提高员工发展的积极性,保证企业健康运转。

(1)公平性原则。公平性原则指的是服务人员在衡量自己的能力、岗位付出与获得的薪酬回报是否对等的一种相对公平。如果出现服务人员对自己的期望薪资没有被满足或者出现和期望差距较大的情况,他们对待工作的主动性和积极性必然会受到消极的影响,从而降低工作效率。高端珠宝企业在设计销售人员的薪资体系时一定要保证制度的公开、严肃和公平公正。

(2)竞争性原则。在高度竞争的市场环境下,企业要想吸引和留住优秀的服务人才就要保证薪资与公司福利能够在行业中存在竞争性,即外部竞争力。当然,竞争性还体现在内部服务员工之间合理的、公平的竞争。企业可以鼓励员工通过相互竞争获得更高的薪资待遇和岗位,实现员工的个人目标。

(3)激励性原则。企业设计薪资时应该注重以增强薪资的激励性为导向,依靠动态薪资结构为主,包括固定部分的岗位工资和灵活部分的奖金等激励性的安排来刺激服务人员的工作积极性。服务人员的薪资需要根据他们的个人能力和业绩情况来调整,这样一来,员工们也会进入不断提升自己提高薪资的良性循环。

2. 晋升机制

奢侈品公司的本质是全体员工都为生产服务,为顾客服务。正因为这样的宗旨,奢侈品公司一般都会要求新员工从基层做起,先去了解并熟悉公司的销售网络,学会怎样为顾客提供更好的服务。同时,每个奢侈品公司都有自己的晋升机制,职务越高,员工所享有的特权也不同,比如珠宝精品店的店长和其

他低等级的服务员工相比,可以优先获得与总部高层面对面交谈的机会。合理的晋升机制可以给服务人员带去努力升职的动力,当然晋升至更高的岗位也意味着对员工必须提出更严格的要求,带去更大的挑战,同时员工需要承担更大的责任。我们还是以卡地亚为例,看看高端珠宝品牌在晋升机制中不同岗位的职位描述和要求(表10-1)。

表10-1

职位	职位描述	主要职责
服务经理	服务经理是精品店方面的负责人,要保证精品店顺利和正常地运转	1. 管理精品店员工 (1) 决定员工工作量和任务优先次序,进行任务授权、监督和评估员工表现,并主动采取改进性和加强纪律的行为; (2) 激发及激励员工建立有凝聚性和高效的团队; (3) 预估和明确地表达招聘需求; (4) 通过在店培训,支持及监督新员工,不断改善现有员工的能力和态度。 2. 管理精品店销售 (1) 引导和激励销售人员完成管理层制定的每月、年度销售目标,以及特殊品类的销售目标; (2) 制定及实施行动计划,着重改善销售人员的产品知识、销售技巧和服务态度; (3) 制定各销售人员的销售目标(金额及产品类型)和跟进个别成员的发展计划; (4) 实施零售部门制定的政策,例如折扣政策、礼品安排及使用、一般支出等; (5) 收集精品店活动后的结果及外界因素对经营可能产生影响的相关信息,提交管理层,例如本地政治和经济信息、市场活动、竞争者活动及业务表现等。 3. 建立和管理与客户间的关系 (1) 提供优质的客户服务,发扬及推行 MCT 规范的所有细节。以现在推行实施的"CEB"和"MCT"为标准;客户管理方面,以 CRM 的"GOAL"为标准; (2) 协助销售顾问建立和维持与 VIP 的良好关系; (3) 通过第三方合作关系和本地机构发掘新的客户; (4) 通过分析客户反馈和跟进服务来管理顾客数据库; (5) 主动与业主方沟通,及时获得业主方动态信息以及促销活动内容,最大限度争取资源提升店铺业绩。

续表 10-1

职位	职位描述	主要职责
服务经理	服务经理是精品店方面的负责人，要保证精品店顺利和正常地运转	4. 管理精品店营运 （1）负责计划、安排和指挥全面的精品店日常营运；协调时间、排班和员工调配；建立工作流程；批准账单/支出；整理记录；安排设备的保养等； （2）促进精品店问题的解决，对需要帮助的员工提供信息、建议并协助他们解决问题； （3）监督精品店日常营运，确保零售部门和运营团队制定的精品店运营策略在店铺得以有效实施； （4）保证店铺商品安全，并且及时了解店铺商品状态确保满足销售的需求； （5）确保店铺员工的健康和安全； （6）售后服务监督管理：合理安排售后专员工作，确保售后工作有序；严格按照公司流程处理客户投诉，处理突发情况，制定预警机制，及时向公司售后部门报告； （7）库存监督管理：关注库存结构，提出合理建议，改善库存结构和销售节奏
服务副经理	当没有精品店服务经理或精品店服务经理出差或不在精品店时，精品店服务副经理担任起精品店领导的角色。根据专长和意愿，负责一个或两个版块，定期汇报给精品店服务经理。按照精品店服务经理的指引管理日常精品店的运营及分配员工的工作，要保证精品店顺利和正常地运作	1. 管理精品店员工 （1）协助精品店服务经理决定工作量和任务优先次序，进行任务授权、监督和评估员工表现，并主动采取改进性和加强纪律的行动； （2）激发及激励员工建立有凝聚力和富有成效的团队； （3）协助精品店服务经理预估和明确地表达招聘需求； （4）协助精品店服务经理通过在店培训支持及监督新员工和不断改善现有员工的能力和态度； （5）协助精品店服务经理安排任务给主管，担任销售顾问、主管与服务经理的沟通桥梁。 2. 管理精品店销售 （1）协助精品店服务经理引导和激励销售人员完成管理层制定的每月、年度销售目标，以及特殊品类的销售目标； （2）协助精品店服务经理制定及实施行动计划，改善销售人员的产品知识、销售技巧和服务态度； （3）协助精品店服务经理实施零售部门制定的政策，例如折扣政策、礼品安排及使用、一般支出等；

续表 10 – 1

职位	职位描述	主要职责
服务副经理	当没有精品店服务经理或精品店服务经理出差或不在精品店时，精品店服务副经理担任起精品店领导的角色。根据专长和意愿，负责一个或两个版块，定期汇报给精品店服务经理。按照精品店服务经理的指引管理日常精品店的运营及分配员工的工作，要保证精品店顺利和正常地运作	（4）收集精品店活动后的结果及外界因素对经营可能产生影响的相关信息，然后提交精品店服务经理，例如本地政治和经济信息、市场活动、竞争者活动及业务表现等。 3. 建立和管理与客户间的关系 （1）提供优质的客户服务，发扬及推行 CEB 和 MCT 规范的所有细节。以公司 CRM 的"GOAL"为标准，进行客户管理； （2）协助销售顾问建立和维持与 VIP 的良好关系； （3）通过第三方合作关系和本地机构发掘新的客户； （4）通过分析客户反馈和跟进服务来管理顾客数据库。 4. 管理精品店营运 （1）协助精品店服务经理计划、安排和指挥全面的精品店日常运营；协调时间、排班和员工调配；建立工作流程；批准账单/支出；整理记录；安排设备的保养等； （2）促进精品店问题的解决，对需要帮助的员工提供信息、建议并协助他们解决问题； （3）协助精品店服务经理监督精品店日常营运，确保零售部门和运营团队制定的精品店运营策略在店铺得以有效实施； （4）关注库存结构，提出合理建议，改善库存结构，按照实时库存情况推动销售的有效性，保证店铺商品安全，并且及时了解店铺商品状态，确保满足销售的需求； （5）确保店铺员工的健康和安全。 5. 售后服务监督管理 （1）合理安排售后专员工作，确保售后工作有序； （2）严格按照公司流程处理客户投诉，处理突发情况，制定预警机制，及时向公司售后部门报告
高级销售顾问	配合及协助服务经理，以达成公司销售业绩。按照服务经理的指引管理日常整个精品店的运营及分配员工的工作	1. 管理精品店员工 （1）按照服务经理的工作计划和要求，负责分配工作任务，对精品店员工能够进行工作辅导，激发员工的工作热情和积极性； （2）指导和督促每一位精品店销售顾问，确保其具备完整和准确的产品知识、品牌历史和文化； （3）负责按照卡地亚的服务准则督导销售顾问，确保给予顾客周到的服务和美好的购物体验； （4）监督销售顾问的工作业绩和表现，向服务经理汇报，并提供改善意见；

第十章 高端珠宝品牌的服务管理

续表 10-1

职位	职位描述	主要职责
高级销售顾问	配合及协助服务经理，以达成公司销售业绩。按照服务经理的指引管理日常整个精品店的运营及分配员工的工作	（5）指导和监督销售顾问仪容仪表，确保每一位销售顾问的个人行为和形象符合品牌要求； 2. 管理精品店运营 （1）安排和监督每日盘点，全面负责开店至晚上关店过程中全部商品出入保险箱的数目核对及安全摆放，安排商品进出及记录，收寄调货商品时应及时跟踪商品状态，更新电脑记录； （2）监督监控系统、电脑系统和POS机的正常运行，并及时报告； （3）精品店商品陈列管理，及留意店内整体环境，保持整洁有序； （4）管理和上交店铺运营过程中的财务凭据； （5）完成日常报告并确保准确性，以电子邮件形式递交公司相关负责人士； （6）处理精品店内各类突发事件，包括各种投诉，并且及时协助销售顾问的服务工作。 3. 销售计划的实施和汇报 （1）达到与服务经理相互认可的个人销售目标，包括销售额和商品组合； （2）协助服务经理与销售顾问制定其销售目标，在销售过程中协助其他成员达成目标； （3）收集有效的顾客数据并对数据库进行管理，维护与客户的长期良好关系，不断开发有潜力的新客户； （4）了解市场动态、竞争品牌等相关信息
销售顾问	配合及协助服务经理及主管，以达成公司销售业绩、维护品牌形象为目的，执行日常整个精品店的运营及销售工作	1. 销售计划的实施和汇报 （1）按照服务经理和主管的要求，实现个人销售目标，包括销售额和商品组合； （2）在销售过程中体现团队合作，并协助其他团队成员达成目标； （3）维护与客户的长期良好关系。体现品牌精神，向主管汇报与客人的沟通情况，及时将客人的信息要求反馈给公司，确保更好的服务和加深客户关系； （4）了解市场动态、竞争品牌等相关信息，给予客户专业的分析，提升品牌的知名度和形象。

续表 10-1

职位	职位描述	主要职责
销售顾问	配合及协助服务经理及主管，以达成公司销售业绩、维护品牌形象为目的，执行日常整个精品店的运营及销售工作	2. 自身的行为管理 （1）严格遵照品牌要求，确保个人形象和行为符合品牌要求； （2）对品牌历史、背景、文化及产品有完整认知和诠释； （3）熟悉卡地亚服务标准并严格遵守，确保给予顾客周到的服务和美好的购物体验； （4）熟悉并严格贯彻员工手册的内容，并确保有效实施。 3. 店铺的运营 （1）了解及遵守精品店安全规则及保安程序，完成精品店营业前的准备工作和精品店营业后的整理工作，记录商品的销售以及进出等相关事项，同时做好商品的验收工作； （2）确保精品店内外的环境整洁，及销售工具的安全、整理、正确摆放； （3）按照品牌的特别规定陈列、清洁、包装、摆放产品，协助并负责陈列用具的管理； （4）根据主管安排进行每日盘点，协助库管进行月底盘点； （5）按照品牌要求，认真处理售后问题，同时提供优质的售后服务； （6）监督店铺维修和装修的施工； （7）严格遵守精品店运营手册的每一项内容，在日常工作中确保有效地实施； （8）按照公司要求登记客户信息并做好客户信息维护工作； （9）及时、准确地提交各类报表

三、服务人员培训

培训对打造优质服务团队的重要性是不言而喻的。培训要采用统一培训师资源、统一的培训内容、统一的培训管理制度，制定严格的管理和考核制度，从而确保在各地的销售人员都能获得最高水准的培训条件，培训结束后能遵循一致规范的服务标准。

另外，服务存在地理的差异性，在亚洲，服务是高端珠宝品牌的第二属性，许多外出旅行的人们会注意到，欧洲的服务往往不如亚洲的完善亲和。服务可以向消费者灌输一个品牌的态度，高端珠宝品牌要走出国门、走向世界，必须要保证日后在世界各地都能让消费者享受同样高水平的服务。

四、保持稳定的服务团队

能够留住优秀的员工对一个高端珠宝品牌来说十分重要。常常会出现这种情景：一位顾客在走进珠宝店时，面对耀眼的商品却并不知道自己要买什么，这时候他们往往愿意去相信销售人员的个人建议，并且更偏好相信他们已经认识或熟悉的员工。优秀的服务人员不仅有固定的顾客群，让顾客对他们产生一定的依赖性，更可贵的是他们可以捕捉当下最实时的信息，且具有很强的创造力。在服务人员和顾客一对一的服务过程中，最大的难点在于情感关系、支配地位、沟通语言、长期管理这4个方面必须同时被相同的销售人员管理，所以拥有一支优秀的销售团队是品牌的力量所在，服务团队的稳定性也绝对不能被忽视。

不断录取、培训新员工只是保持团队的一种表面现象，企业后台的管理人员要经常下基层去建立和维护人事关系。对老员工也要进行不断的培训和精神补给，让员工对品牌产生归属感。同时定期给予一些有品质的公司福利待遇充分展现企业对基层服务人员的关怀和肯定，以此提高员工满意度和他们工作的积极性，通过打感情牌留住核心的优秀员工。

第十一章　高端珠宝品牌的国际化

珠宝行业国际化趋势方兴未艾，一方面国际高端珠宝品牌走进中国，得到高端人士的青睐；另一方面，本土珠宝品牌积极走出国门占领欧美市场，参与国际高端珠宝市场的竞争。民族品牌在国际市场中建立高端珠宝品牌，企业应该如何去做？本章将围绕高端珠宝品牌的国际化相关问题，从多个角度进行研究。首先，简要介绍高端珠宝国际化的概念，探讨珠宝品牌国际化的动因。其次，介绍高端珠宝品牌国际化的模式。最后，探索高端珠宝品牌国际化的策略和方法。

第一节　高端珠宝品牌国际化概述

一、高端珠宝品牌国际化的概念

改革开放后的数十年来，我国珠宝行业日益繁荣，但同时产品同质化、品牌档次低、价格战竞争、渠道雷同和促销手段单一，制约了珠宝行业向高水平发展。我国珠宝行业的企业家开始思考构建高端国际化珠宝品牌，进入欧美发达国家市场，实现品牌提升。多年以来，我国出口贸易位居全球前列，出口成为经济增长的重要动力。我国产品传播到世界各地，然而品牌建设还远远落后，与巨大贸易额形成巨大反差。国外消费者对我国品牌认知度普遍不高，在消费者的印象里，中国品牌等同于价格低、质量差等。我国拥有170多万个品牌，国际上有知名度的品牌却是凤毛麟角。我国拥有数千年的灿烂文化，深厚的文化下蕴藏培育高端珠宝品牌的机遇。事实上，只要我国珠宝品牌坚持根植于本土文化，采取科学的管理方法，抓住时机就可能打造有特色的国际高端珠宝品牌。

高端珠宝品牌国际化是珠宝品牌在世界范围内渗透，形成强大的影响力和竞争优势的过程。品牌国际化是珠宝企业走出国门，参与东道国市场竞争的举措。高端珠宝品牌国际化能够带来规模优势，降低营销成本，提升品牌感染力，维持品牌国际形象，实现成功的国际营销。美国市场营销专家菲利普·

R·凯特奥拉认为,国际市场营销是"对商品和劳务流入一个以上国家的消费者或用户手中的过程进行计划、定价、促销和引导,以便获取利润的活动"。高端珠宝品牌走向国际,实际上就把在一个国家的经营活动行为转变为在一个以上的国家进行。这样的转变,给珠宝企业营销和品牌管理带来了复杂性和多样性的挑战。珠宝企业要应对来自国际市场的各种不确定因素,由此产生了高端品牌国际化特殊的管理方法。

二、高端珠宝品牌国际化动因

高端珠宝企业要在全球化过程中建立竞争优势,必须在全球范围内建立自己的品牌。在发达国家高端珠宝品牌最集中的地方建立品牌,能够迅速提升企业影响力,建立起品牌形象。珠宝企业走品牌高端化和国际化路线的主要驱动因素有以下几个方面。

(1) 全球经济一体化。全球经济一体化带来信息、产品、资金、人才、文化的跨国家、地区的交融,为高端珠宝品牌发展带来机遇。

(2) 信息化和网络化。互联网和社会网络把世界经济活动紧密地联系起来,网络化成为当今经济的一大特征。在世界任何一个角落发生的信息,都可以最快的速度传播到世界各地。全球化媒体发展迅猛,技术进步日新月异,这些都为打造高端珠宝品牌创造了条件。

(3) 贸易壁垒减少。各国在世界贸易框架下,逐渐降低关税和减少贸易壁垒,促进了商品在全世界各国、各地区的流通。商品流通改变着消费者的观念和习惯,不同国家的人们的价值观也逐渐发生改变。人们以更开放的心态消费外国商品,特别是一些文化类商品已经为国外市场熟知和接受,或成为日常生活的一部分。价值观念相互渗透融合,形成和建立高端珠宝品牌的基础。

此外,高端珠宝品牌国际化能够让企业获得国外消费需求信息,学习国外先进的工艺、品牌管理经验,更好地整合海外资源,利用海外员工人力资源和文化资源创新,提高企业创新意识和水平,抵御经济周期波动,保持企业竞争优势,实现可持续性发展。企业通过把国际化品牌管理经验转移到国内,以采购全球共享、货品全球调动等方式,实现规模经济。利用人口流动机会,在国内、国外建立品牌形象,形成良好的口碑和形象。参与全球化的事件,有机会在全球化的媒体上发声,也给高端珠宝品牌创立和宣传带来机会。

三、高端珠宝品牌国际化影响因素

高端珠宝品牌的国际化受到很多因素的影响，大体上分为企业内、外部两个维度，要结合产品和企业特征做出品牌国际化战略选择。

从产品角度分析，高端珠宝具有多种属性特征，能够满足人们对于审美、情感、自我表达、祈福、彰显社会地位等的需要。高端珠宝企业需遵从市场细分的逻辑，用不同的产品满足多样化细分目标市场。东道国或地区内部市场的需求多样化，要求跨国经营企业重视市场调研，用以制定产品策略。

珠宝企业的特征对品牌国际化绩效的影响也很明显，管理方式、品牌建设、企业战略、产品组合，这些都起到了关键作用。高端品牌中古琦、普拉达产品质量水平高，企业具有独特的品牌定位和持续性战略，能够迅速把标准化的产品打入全球市场。我国珠宝品牌层次众多，有专注区域市场的区域性品牌、主打全国市场的全国性品牌，以及面向世界的全球品牌。我国的珠宝品牌从区域性品牌起步，逐渐走向全球市场。在这一过程中，企业管理系统逐步成熟，应对客户需求的能力和产品创新能力逐渐增强。强势珠宝品牌更容易受到消费者认可，这为企业进一步壮大提供了强大支撑。高端珠宝品牌向海外扩张时，企业的管理能力提升和品牌强度增强，都能够为国际化提供保障。

珠宝企业的战略深刻影响着品牌的国际化。如珠宝企业并购国际高端珠宝品牌，不但能够获得被兼并企业的渠道和生产技术，同时也能获得其品牌价值。后续珠宝企业要做的就是在品牌原有基础上巩固市场地位和优势，强化高端珠宝的品牌战略。

企业产品组合是影响高端珠宝品牌国际化的重要因素。珠宝企业在传统大众市场集聚了大量财富，形成了一定的品牌基础，此时计划进入高端珠宝品牌市场，能够获得更好的品牌形象和较高的品牌溢价。学习西方高端珠宝企业的成熟经营模式，是普通珠宝企业向高端进发的捷径。高端珠宝企业有强大的竞争优势，独特的品牌定位，并成为高端市场的领导者。实践表明，专注品牌建设、创新产品、强化品牌形象，是在这一领域取得成功的关键。高端顾客和普通品牌顾客并不重叠，他们的消费品味、消费习惯差异很大。珠宝企业需要识别品牌基因，开发出有独特文化内涵的产品，并通过开发产品组合，照顾不同水平的消费需求。要特别注意品牌基因在产品开发中的指导作用，新的产品组合必须能够反映和强化高端珠宝品牌的定位。

珠宝企业进入国际市场竞争，还需要适应制度的差异性。珠宝企业应主动与东道国政府建立良好的关系，通过合作的方式获得收益。良好的声誉、过硬的产品质量、正面的品牌故事、拟人化的营销传播策略等，都可以让企业获得东道国市场的认同。国际市场对珠宝企业所在国有刻板印象，或者有一些负面评价时，制度差异带来的问题就会凸显。企业要积极采取措施，以文化魅力征服消费者，减少他们对品牌的心理排斥。我国的本土品牌大凡珠宝（TTF）能够进入法国市场，就得益于其鲜明的东方文化特色。东道国的高端珠宝行业发现该企业带来了新的产品、文化、知识、设计，认为有利于行业整体的健康发展，便会欢迎这样的竞争对手。企业需要利用各种资源，结合天时、地利、人和等要素制定品牌国际化战略。辩证认识统一化和差异化，通过战略选择促使珠宝企业朝着品牌国际化、高端化稳步前进。

在高端珠宝品牌国际化战略实施过程中，企业应该建立与之相适应的组织形式。珠宝企业要建立专门的国际品牌管理部门，负责品牌在国际范围内的管理与运营，研究在东道国经营的对策、产品组合。国际环境具有较强的不确定性，珠宝企业应提升自身的应变能力，同时要打造学习型组织，积极吸收和借鉴其他企业的经验，更好地实现品牌国际化目标。

第二节　高端珠宝品牌国际化模式

随着经济全球化加快，世界呈现出经济一体化、市场一体化、资本全球化、战略全球化和竞争全球化的趋势。国际奢侈品珠宝品牌强势进入中国市场，占据了高端珠宝市场。本土珠宝品牌发展尚不成熟，品牌管理水平不高。珠宝制造业基础薄弱，产品无法与西方高端珠宝品牌相抗衡。尽管珠宝品牌竞争举步维艰，但是也有一些有创新能力的企业努力实现高端品牌建设的突破。中国珠宝企业开始走出国门，在国际上形成具有民族文化特色的高端珠宝品牌参与竞争。品牌国际化是珠宝企业的重要战略，借鉴全球化经验可以稳步实现跨越式发展。

一、国际化珠宝品牌发展阶段

国际珠宝品牌发展经历了从无到有，从小到大，由国内到国外发展的渐进过程。世界知名珠宝品牌卡地亚发源于法国一家作坊，历史的机遇促使其成为为王室服务的御用工匠。随着贵族阶层的消亡,卡地亚珠宝在市场化、品牌化的道路上继续前行。凭借品牌的历史积淀和精湛的工艺,卡地亚创造出美轮美奂的经典作品。卡地亚曾经服务的王室成为品牌基因的一部分,一件件精美的珠宝被赋予了传奇的色彩。今天卡地亚仍在续写传奇,它创造的一件件富有艺术气息的珠宝丰富了品牌内涵。卡地亚珠宝的国际化步伐从未停止,卡地亚品牌把它的历史、传承、故事和不朽的作品带给世界各国的消费者。珠宝企业要在最初创立一个品牌,并有独特的品牌识别特征,形成品牌国际化品牌的初始条件。我们可以看到国际化品牌大都经历了以下4个阶段:珠宝企业创建强势珠宝品牌、珠宝企业参与全球化、高端珠宝品牌国际化和高端珠宝品牌长期发展。

1. 珠宝企业创建强势珠宝品牌

在全球化时代,越是要进入国际市场的品牌越要根植于本土文化。具有本土特征的强势品牌能够充分利用本国资源形成独特的竞争优势,在这一阶段,珠宝企业要以建设本土化强势珠宝品牌为目标。我国珠宝企业大多以加工起家,企业往往加工能力比较强。企业在积累了一定的资本后,就要集中精力走品牌化、差异化道路。

2. 珠宝企业参与全球化

企业进入国际高端珠宝市场要克服经验不足的问题,提升高端品牌建设能力。在东道国寻找合作伙伴、并购或建立品牌联盟,都是常见的获取经验和资源的方式。初期企业适合采取渐进方式发展,切忌盲目扩张带来损失。在企业缺乏经营经验和国际市场充满不确定性的情况下,企业的首要任务是能够存活,再逐步扩大市场份额,积累国际化经验,吸收来自竞争对手、合作伙伴、顾客的信息和知识。制度、文化、市场、消费偏好等要素都带来不确定性,这要求企业不断总结经验,创新策略和管理方式以应对新环境的挑战。企业要对东道国市场进行调查研究,有针对性地设计出符合消费者需求的产品,品牌形象设计要考虑符合消费者的偏好。趋同策略有助于获得消费者认可,初期产品设计和品牌形象要对消费者投其所好,一旦被市场接受就迅速占领目标市场份额。之后,再有策略地融入本国文化,巧妙地把中国元素植入到产品和品牌中,这要求企业能够在品牌特色和市场占有率之间保持动态的平衡。

3. 高端珠宝品牌国际化

在获得市场认可后，企业便进入高端珠宝品牌国际化发展阶段，需要把产品中的本国文化和产品特色做到极致。消费者的珠宝品牌知识日益丰富，他们大都有良好的开放性心态和较高的教育程度，能够接受来自中国的高端珠宝设计产品。企业要树立高端形象，凸显本国文化特色，在管理上熟练运用国际企业管理模式。利用当地市场资源形成新的竞争优势，结合东方、西方的文化特色，设计出有特色的高端珠宝。在品牌故事、店面选址和布局、价值链打造等方面精益求精，用高端品牌形象和良好的服务赢得消费者的青睐。

4. 高端珠宝品牌长期发展

高端珠宝运营企业在发达国家和主要城市建立起品牌后，便可以聚焦于其他地区的市场。在发达国家建立的品牌形象和珠宝消费者的认可度，会帮助企业进入其他欠发达国家或者本国市场。这种做法是建立高端珠宝品牌的重要途径，当本国缺乏适合高端珠宝品牌生存的土壤时，这种采取迂回策略建立高端珠宝品牌的做法很有效。

二、高端珠宝品牌国际化模式

高端珠宝品牌国际化是企业实施扩张战略的举措，在国际市场上建立独特的品牌，营销设计精湛的珠宝产品。实施品牌国际化战略能够让企业获得国际资源，提升企业技术工艺能力，实现规模经济，增加利润。珠宝企业国际化战略模式主要包括标准化模式和本土差异化模式。

1. 标准化模式

随着全球经济一体化发展，欧美、日本的消费者需求出现同质化现象，互联网媒体的运用和人员的国际交往加剧了这一情况。与以往相比，现在消费者做好了接受标准化产品的心理准备。欧洲是个性化定制高级珠宝的中心，由他们创造的高级珠宝在历次全球巡展中都受到好评。国际化背景下，在法国举行的个性化高端珠宝设计最大的盛事——法国巴黎古董双年展，也可能吸引武汉消费者或从业人员的目光。高端珠宝品牌不仅要有个性化设计，还应该关注各国市场具有同质化特色的部分。成功采取标准化战略的企业很多，如香奈儿、卡地亚、蒂芙尼在全球内使用同一品牌，为消费者提供相同产品。随着跨国企业标准化的实施条件越来越成熟，越来越多的企业愿意实施全球战略，把具有独特设计的一款产品营销给全球消费者。

高端珠宝品牌标准化形式有产品标准化、价格标准化、渠道标准化和促销标准化。产品标准化的依据是世界各地人们正在全球范围内追求高品质珠宝产品，东方美学越来越受到西方国家认可。尽管各个国家内部已经存在很多细分市场，但是两个不同国家总有些细分市场存在重叠。中国市场受欢迎的高端珠宝产品，国外也会有顾客购买。这种交叉市场是同质化市场，因此可以采取标准化战略。

价格标准化虽然理论上可以实行，但现实情况是各个国家在税收、渠道、竞争、汇率、收入、成本等方面存在差异，这些不可控因素往往使得价格体系很难统一，价格标准化往往很难实现。

渠道标准化受到文化因素影响，也很难实施。国际化珠宝企业往往要根据东道国情况，制定高端珠宝渠道策略。

促销标准化受到广泛关注，其提出的依据是全球范围内的消费者生活方式相似性增加，使得广告促销、人员促销、促销内容在各个国家越来越趋同。随着网络技术的发展，高端珠宝广告很容易实现全球互动，广告标准化有了较大的实施空间。

2. 本土差异化模式

仅仅使用同质化假设研究国际市场，有时会出现重大疏漏。采用完全标准化战略显得过于简单，在实践中可能产生严重后果。有相似需求的细分市场只存在于少数产品，这些市场往往规模也不大，不能代表所有市场情况。标准化战略过分注重各国市场间的相似性，而差异化竞争才是获得收益的关键，这样标准化战略就不能从全球细分市场上获利。珠宝是文化产品，价格只是消费购买决策的一部分。消费者对文化产品有个性化需求，企业要提供满足消费者愿望的个性化产品。规模化生产也发生着变化，我国深圳珠宝加工能力不断提升，新的制造能力能够更好地满足各国市场的需求。智能制造、柔性化制造等新的生产方式日益普及，为珠宝品牌国际化高端路线打下基础。

高端珠宝企业采取本土差异化战略，指针对不同国家和地区市场的需求差异提供不同的产品。企业可以从实施该战略中获益，其好处来自多方面。首先，跨国珠宝企业能融入当地文化，更好地满足消费者需求。尽管全球消费者存在趋同现象，但不同国家在经济、文化、制度上还存在明显差异，这种差异会使各国消费者表现出高端珠宝产品需求的差异。其次，高端珠宝本土化策略可以形成行业壁垒，抵御新进入者的竞争。再次，高端珠宝品牌本土化战略有利于形成差异化，降低可比性，避免价格战的误区。

高端珠宝品牌国际化中采取本土差异化策略，主要依靠营销的2个基础理论：一是细分与定位理论，认为由于各国制度、法律、自然条件、文化传统、经济水平、消费偏好、生活习惯、信仰存在差异，会产生许多细分市场；二是摩擦理论，认为总部和分支机构或渠道之间会因利益摩擦，产生隐蔽的成本，增加了企业经营成本。从成本角度看，采用本土化战略能够充分调动当地员工的积极性和创造力，从而更容易获得当地市场的机会。一家高端珠宝企业进入国外，应该充分利用当地的员工、技术、生产能力和市场信息，捕捉东道国的市场机会。这样高端珠宝品牌的国际化成本会降低，还能更好地开展高端珠宝业务。

高端珠宝品牌本土差异化战略主要体现在营销组合和营销过程本土化方面，由于各国的市场需求差异很大，企业要针对不同国家实施差异化营销策略。一些网站在一个国家很受欢迎，但在另一个国家可能被完全屏蔽。相应地，高端珠宝品牌的媒体营销策略必须作出重大改变，特别是要针对受众的差异性做产品促销。各国分销系统结构、流通状况、分销商数量、零售商规模、消费者购物场所偏好差异较大，高端珠宝品牌必须依据当地的市场情况实施分销策略。产品、价格、渠道、促销等营销组合很难标准化，应该采取本土差异化。

3. 标准化与本土化策略选择

高端珠宝品牌国际化过程中标准化和差异化战略都能带来好处，企业在两种战略间作出正确决策无疑是困难的。跨国经营的珠宝企业要考察东道国实际情况，综合分析各种因素作出决策。第一，市场需求特征。东道国消费者偏好是决策的关键，需求具有同质化特征时应采用标准化战略，需求有异质化特征时采取差异化更有效。第二，结合产品和品牌定位。高端珠宝具有文化属性，东道国对产品的态度存在差异。企业要根据消费者的不同偏好，调整珠宝设计、风格、文化内涵，吸引消费者购买。第三，文化差异。珠宝设计要注重文化对人的吸引力，创造出东道国消费者向往的产品。一些国家偏好炫耀，可以考虑把 Logo 做得显而易见。有些国家是平民文化，那么吸引消费者的往往是品牌故事、产品设计、工艺和内涵，企业在这些方面要下足功夫。第四，考虑高端珠宝企业国际化所处的阶段。刚刚进入东道国时，适合采取标准化策略，待企业在当地占据一定的市场份额再逐步实施本土化差异化战略。标准化战略能够降低成本，一开始就差异化即便可行也会推高国际化成本。第五，珠宝企业自身能力。企业推行国际化需要提升自身能力，能力强的公司战略选择空间更大。在全球化时代，企业有效利用互联网、社会网络资源、文化资源、跨文化沟通等能力，是企业获取东道国消费者的关键，具备这些能力就可以实施本土差异化战略。

在具体实施过程中，企业要灵活掌握战略运用。从权变的角度把标准化与本土化结合起来，针对不同市场实施战略组合。以全球资源整合的思想指导整体布局，在局部地区实施差异化战略。充分利用网络化资源提升企业能力，在产品定位、品牌塑造、形象维护上强调国际性，宏观上显现整体布局，在具体行动上努力融入当地文化，适应当地市场以获得更大的发展空间。

高端珠宝企业要认清全球经济一体化的大局，要把全球化作为战略决策的出发点。实施中详细分析标准化和本土化的利弊，根据外界环境和企业能力作出决策，实施全球化思考、本土化行动的战略。这种把标准化和本土化结合的做法十分具有现实意义，也具有可操作性。

高端珠宝品牌宏观上对全球市场细分，在各个子市场上对产品设计、促销手段、首饰材料、品牌形象进行组合，形成针对细分市场标准化与本土化结合的综合型战略。综合型战略包括产品标准化结合促销本土化、首饰款式标准化结合用料差异化、品牌形象标准化结合产品差异化等不同组合。市场情况多变，企业只有充分掌握全球化环境，提高自身能力，充分利用本国、东道国资源，才能在高端珠宝市场实现长远发展。

三、高端珠宝品牌国际化模式演进

通常高端珠宝品牌国际化发展会经历多个演化阶段，从低级到高级逐渐发展。进出口贸易是国际化的简单形式，珠宝企业通过加工出口方式参与国际经营。珠宝企业也可以在东道国投资设立工厂生产珠宝，利用当地的劳动力资源进行生产活动。在东道国生产能够接近市场，提供有针对性的产品和服务。还可以采取外包模式，利用海外资源获得设备、人力资源、土地、技术等，企业则更专注于核心业务上。

近些年，许可经营是高端珠宝品牌国际化常见的方式，国际奢侈品集团在主要的市场开设分店，来实现品牌和经营的国际化。许可经营是连锁经营的一种方式，主要通过契约的方式建立专卖店，实现利用外部资源发展的目的。随着高端珠宝企业经营能力的提升，在东道国管理品牌的能力得到加强，企业会逐渐收回特许权转为自主经营。虽然形式仍然是连锁企业，但是本质上是公司直接控制的直营店。

高端珠宝企业还可以通过建立合资公司、独资公司实施国际化。许多高端珠宝品牌通过并购获得其他珠宝公司经营权，协助品牌进入海外市场。并购形成了独资公司，能够降低技术和品牌失控的风险，对于构建强势品牌的企业来说是很好的选择。但是独资公司的经营成本很高，企业必须承担国际化经营的风险。

第三节 高端珠宝品牌国际化管理策略

高端珠宝品牌一方面要实现"走出去"，以一定的国际化经营模式进入海外市场；另一方面还要扎根东道国市场，占领消费者的心智，即完成"走进去"的任务。高端珠宝品牌国际化管理要结合市场环境分析，根据企业能力水平采取适当的策略在东道国建立强势高端珠宝品牌。

一、高端珠宝品牌架构

高端珠宝企业的品牌架构包括企业品牌、产品品牌和混合品牌。国际化珠宝企业的战略管理要持续调整，根据国际化策略、市场变化以及产品情况作出相应决策。珠宝企业应在动态的管理中，适时地改变品牌架构以适应市场竞争。

1. 企业品牌

以企业名称作为品牌名称的是企业品牌，高端珠宝品牌中企业品牌有宝格丽、香奈儿、卡地亚等。企业品牌强调企业的重要性，用企业的知名度占领全球化的目标市场。珠宝的企业品牌传达的是经营理念、企业文化、企业价值观念及对消费者的态度等，统一的企业品牌能突破地域间的壁垒，有利于实现跨地区的经营活动。企业品牌能够整合资源，为不同产品提供统一的形象、统一的承诺，使不同的产品之间形成关联。企业品牌的内涵至少应包含产品品牌和服务品牌，并在两者基础上衍生出企业品牌。企业建立有别于竞争对手且富有企业文化内涵的独特的品牌，才能不断提升产品品牌的价值含量，否则企业品牌的内涵就要大打折扣。有形的产品品牌和无形的服务品牌相互结合，有助于提升企业的核心竞争力。企业品牌的确认是在企业成立的初期形成，通常企业品牌都与特定的产品与服务相联系。企业品牌在经营过程中，不会轻易进行调整。企业品牌应当确定其专属领域的定位，有利于客户形成清晰的认知。建设企业品牌的内涵是一个长期过程，它需要企业整合资源给予支撑。

2. 产品品牌

产品品牌是对产品而言的品牌，它包含2个层次的含义。一是指产品的名称、术语、标记、符号、设计等方面的组合体。二是代表有关产品的一系列附加值，包含功能和心理两方面的利益点，如产品所能代表的效用、功能、品味、形式、价格、便利、服务等。

高端国际化珠宝企业可以有多个产品品牌，多产品品牌策略被跨国经营的企业广泛采用。强势的品牌进行国际扩张时，可以采取在东道国内生产主要的产品，同时也可以收购国际区域性产品品牌。

3. 混合品牌

很多公司采取混合品牌策略，把企业品牌和产品品牌整合起来。企业一方面在全球范围内使用企业品牌，但在一些市场又细化为产品品牌。企业产品相对有限的时候，通常采用企业品牌。随着产品的增加，针对目标市场发生变化时，就要增加产品品牌满足市场需求。企业和产品品牌不断趋向混合，企业采取的品牌架构也发生变化。在高端珠宝市场上，混合品牌也十分常见。

二、高端珠宝品牌国际化管理

高端珠宝品牌管理的关键问题是在国际市场上，构建一个与目标市场有关的高端形象。高端珠宝品牌定位是品牌国际化的最重要决策之一，是管理的先决条件。对高端珠宝品牌进行科学定位，需要研究东道国市场的文化背景、需求偏好、消费习惯、市场竞争等多重要素。国际市场上活跃着很多知名的高端珠宝品牌，包括卡地亚、梵克雅宝、蒂芙尼等，受到世界各国的消费者的欢迎。我国珠宝企业进入国际高端珠宝市场时，必须精准定位参与国际高端品牌竞争。精准的定位应从以下方面着手。

1. 目标市场调研

高端珠宝品牌国际化要充分考量东道国市场的差异性，做好品牌的定位工作。东道国的文化、经济、政治、技术、消费习惯、购买能力等与本国差异很大时，要组织实施目标市场调研，在此基础上作出品牌定位决策。

2. 建立品牌识别和形象

高端珠宝企业应结合自身的能力、传统、文化、战略，设计出独特的品牌识别。高端珠宝品牌包含了本国文化内涵和特色，在建立品牌识别和形象时要结合文化资源。东道国的环境和本国有差异，企业须构建本土化、特色化的品牌故事策略，增加品牌内涵提高文化附加值。

3. 传播品牌核心价值

品牌核心价值和品牌识别建立后，就要把品牌推向市场。高端珠宝品牌的传播要与定位相呼应，选择适当的传播途径传播品牌。

高端珠宝品牌建立之后，企业可以在国际市场进行品牌延伸。品牌延伸能充分利用品牌价值，还可以强化高端形象。品牌延伸是指高端珠宝品牌利用品牌形象，进入到新的细分市场获取更大市场份额的过程。

东道国消费者认为，一个品牌延伸到新的品类必须符合消费预期，或者认为具有合理性，品牌资产能够成功延伸到新的产品上。宝格丽珠宝品牌延伸到酒店，深圳宝亨达珠宝品牌延伸到宝亨达国际大酒店，这些都是珠宝品牌延伸成功的例子。

品牌延伸要注意适宜的品牌宽度、品牌延伸时机和品牌核心价值的维护等方面。品牌宽度是品牌覆盖产品线数量变化程度，控制品牌宽度是有必要的，由于受到"临近效应"的影响，可能已经建立的强势品牌形象会受到延伸品类的影响。强势高端珠宝品牌延伸到相关性较高的行业产品时，原有品牌就会得到加强，品牌成功的几率也会提高。高端珠宝品牌延伸的时机也是一个重要问题，初期进入国际市场的企业还没有建立强大的品牌形象，品牌延伸的风险很大。高端珠宝品牌在市场上成熟后，不确定性因素大大降低。选择这一时机进行一定宽度内的高端珠宝品牌延伸，企业成功的几率会显著提高。跨国经营的高端珠宝品牌核心价值是品牌资产，企业要作出正确的战略决策以维护品牌核心价值。

主要参考文献

包德清,郭东明,周琦深,等,2019.珠宝企业管理[M].武汉:中国地质大学出版社.
陈涛,郭颖,2002.帝皇的珠宝商[J].美与时代(2):6-7.
大卫·艾克,2001.品牌领导[M].曾晶,译.北京:新华出版社:48-73.
戴维·阿克,2012.创建强势品牌[M].李兆丰,译.北京:机械工业出版社:51.
段兴禹,2013.奢侈品牌的新定位及营销策略[J].大众文艺(2):272-273.
故宫博物院,2009.卡地亚珍宝艺术[M].北京:紫禁城出版社.
卡地亚,2011.卡地亚和明星的那些事[J].中国新时代(4):112-115.
李莉,2012.中国奢侈品品牌管理与传播策略研究[J].商业研究(1):108.
刘晓刚,朱泽慧,刘唯佳,2009.奢侈品学[M].上海:东华大学出版社:2-17.
刘宇飞,2010.奢侈品的品牌传播策略[J].经营之道(1):75-76.
卢晓,2007.奢侈品的六大特征[J].商业评论(奢侈品营销专刊)(6):30-36.
吕继东,2014.奢侈品的品牌传播规律与策略的研究[J].现代商业(16):58-59.
马潇潇,2016.欧洲奢侈品品牌发展阶段划分及影响因素分析[J].宝石学杂志(3):51-56.
米歇尔·舍瓦利耶,热拉尔德·马扎罗夫,2008.奢侈品品牌管理[M].卢晓,译.上海:上海人民出版社.
让·诺尔·卡菲勒,2000.战略性品牌管理[M].王建平,曾华,译.北京:商务印书馆.
王焱,2006.奢侈品设计研究[J].艺术百家(2):82-85.
吴红梅,田明华,刘禹含,2011.基于奢侈度的奢侈品定义及管理研究[J].商业研究(412):196-199.
杨淑琪,包德清,2015.基于卡地亚经典产品设计的奢侈品品牌基因探究[J].宝石和宝石学杂志,17(03):59-64.
叶剑,2009.中国为何没有奢侈品牌[J].法人(8):88-89.
叶斯妤,2017.奢侈品品牌代言传播策略探究[J].新闻研究导刊(21):109.
游娅娜,易雪峰,2010.浅析奢侈品设计[J].理论研究(19):86.
俞丽丽,2012.浅析奢侈品包装设计策略[J].商场现代化(23):265-266.
张云玲,于全,2011.浅析企业质量管理体系的建设[J].品牌(5):25.

张哲铭,2018. 浅析奢侈品包装设计的附加值[J]. 服装与设计(22):14.

郑瑜,2020. 新媒体背景下奢侈品品牌传播策略及效果[J]. 视听(2):217-218.

朱明侠,周云,2008. 奢侈品的广义定义及其研究框架[J]. 经济师(7):31.

朱振中,2002. 试论品牌定位策略[J]. 商业研究(2):7-9.

KAPFERER J N,1997. Strategic Brand Management, Creating and Sustaining Brand Equity LongTerm, 2nd ed[M]. London: Kogan Page limited:66-78.

文中彩图

图 1-1　马达加斯加（左）与克什米尔（右）的矢车菊蓝色蓝宝石

图 1-2　含有昆虫化石的琥珀　　　图 1-3　体积硕大的翡翠摆件

图 1-4　未经镶嵌的翡翠极品挂件和手镯　　　图 1-5　高端翡翠首饰

图 2-1 尚珠宝设计的彩色宝石项链

图 2-2 尚珠宝设计的珍珠项链

图 2-3 温莎公爵为夫人订制的红宝石项链

图 2-4 梵克雅宝"隐密式"镶嵌

图 2-5 卡地亚的豹形戒指

图 2-6 梵克雅宝的 Zip 项链

图 2-7 "龙之吻"系列首饰

图 2-8 花丝工艺金镶玉饰品

图 2-9 运用玉镶金工艺制作的和田玉茶具

图 2-10 金嵌宝石盖青玉桃式盒　　　　图 2-11 金嵌珠宝圆花

  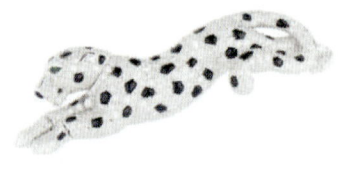

图 4-4 卡地亚豹形系列首饰

图 4-5 麒麟珠宝品牌门店

图4-6 左图为宝格丽某门店橱窗设置;右图为卡地亚某门店橱窗设置

图4-7 上图为梵克雅宝某店铺灯光设置;下图为御木本某店铺灯光设置

图 4-8　宝格丽某店铺的室内布置

图 6-2　卡地亚 Trinity 系列
三色金戒指（简洁风格）

图 6-3　卡地亚 Trinity 系列
三色金戒指（奢华风格）

图 8-1　COMÈTE 系列新款耳饰

图 8-3 梵克雅宝情人桥腕表

图 9-1 海瑞温斯顿在巴黎蒙田大道的精品店

图 10-1 BLOVE 为乒乓球运动员福原爱设计的个性婚戒

图 10-2 卡地亚 Clash de Cartier 限时体验空间

图 10-3 Clash de Cartier 系列圆珠铆钉戒指